# 慶元縣志輯

第一册

【成化】處州府志·慶元卷
【崇禎】慶元縣志

《慶元縣志輯》編委會 編纂

浙江工商大學出版社
ZHEJIANG GONGSHANG UNIVERSITY PRESS
·杭州·

**圖書在版編目（CIP）數據**

慶元縣志輯 /《慶元縣志輯》編委會編纂. -- 杭州：浙江工商大學出版社，2025. 1. -- ISBN 978-7-5178-6290-1

Ⅰ. K295.54

中國國家版本館 CIP 數據核字第 2025PJ0147 號

**慶元縣志輯**

**QINGYUAN XIANZHI JI**

《慶元縣志輯》編委會 編纂

| | |
|---|---|
| **策劃編輯** | 陳麗霞 |
| **責任編輯** | 唐　紅 |
| **責任校對** | 何小玲 |
| **封面設計** | 屈　皓 |
| **責任印製** | 祝希茜 |
| **出版發行** | 浙江工商大學出版社<br>（杭州市教工路 198 號　郵政編碼 310012）<br>（E-mail:zjgsupress@163.com）<br>（網址:http://www.zjgsupress.com）<br>電話:0571－88904980,88831806（傳真） |
| **排　　版** | 杭州朝曦圖文設計有限公司 |
| **印　　刷** | 杭州高騰印務有限公司 |
| **開　　本** | 710mm×1000mm　1/16 |
| **印　　張** | 397.25 |
| **字　　數** | 1587 千 |
| **版 印 次** | 2025 年 1 月第 1 版　2025 年 1 月第 1 次印刷 |
| **書　　號** | ISBN 978-7-5178-6290-1 |
| **定　　價** | 1988.00 元（全十四册） |

## 『慶元歷史文化叢書』編纂指導委員會

主　　任　蔡　昉
第一副主任　田健暉
常務副主任　胡顯平
副 主 任　吴建華　王偉嘯　葉華偉
成　　員　周　峰　全長榮　方　興　姚增輝　毛茂豐
　　　　　劉　偉　王麗青　周利民　范傳龍

## 編纂指導委員會辦公室

主　　任　胡顯平
副 主 任　姚增輝　毛茂豐

## 『慶元歷史文化叢書』編輯部

總　　編　楊賢高
責任編輯　吴瑋玲　鄭昌凱

# 《慶元縣志輯》編委會

# 總序

中共慶元縣委書記 李昉

史以實存，人以德立。在慶元恢復縣制五十周年之際，『慶元歷史文化叢書』付梓出版，這是慶元推進『以文化人、以文興城、以文塑魂』的一件要事和喜事。

歷史是『根』，文化是『魂』。自南宋寧宗皇帝以年號『慶元』賜名置縣以來，萬山環抱的慶元便開始有了自己的專屬記憶。從百里松陰號『松源』到『吴越時爲東平鄉』，從『興賢橋』的重建到『二里十桥』的美譽，從江南秘色的青瓷輝煌到『二都戲』的民俗經典……這些獨特的歷史文化見證着慶元的滄桑與繁華，記録着其發展、變遷和進步，都是慶元這方土地最厚重的財富、最珍貴的記憶。

銘記歷史、鑒往知來，編輯出版一套全方位、多層次、立體化反映慶元歷史文化，生動展現慶元人民自强不息精神的文化叢書，是歷史托付給我們的重要任務，是時代賦予我們的光榮使命。『慶元歷史文化叢書』以紀實的手筆，詳細記述了村鎮變遷、名人志士、民風民俗，承載着慶元的風土人情、文化遺風、歷史故事，洋洋灑灑百餘萬字。它的出版問世，是慶元精神文化建設的豐碩成果，是功在當代、惠及後人的傳世工程，是菇鄉兒女對歷史文化的最好致敬，其中既有歷史的真實厚重，又有文化的廣博精深，記載着慶元不平凡的過去，也映襯着慶元非同凡響的今天。

『慶元歷史文化叢書』的出版，托起歷史與現代聯結的『廊橋』，是慶元人民鑒古察今的寶貴精神財富，引導菇鄉兒女承前啓後、開拓進取、賡續輝煌。衷心希望全縣各階層各領域以書爲媒、以讀凝心，更加重視學習、勤於學習，認真研讀慶元歷史，深入認知慶元，深切熱愛慶元，從中汲取不畏艱險、直面困難的信心和力量，共同建設慶元更加富裕、和諧、美好的明天。

是爲序。

公元二〇二三年十二月

# 前言

一

巍巍百山祖，滔滔三江源，山高水長，歲月滄桑，朝代更替，人文演繹，盡濃縮於慶元縣志。

原始生態，植物王國，動物天堂，菌菇寶庫，匯聚百山祖國家公園；陶罐石斧，原始城郭，農耕遺存，小熊山文明[一]續寫中華民族繁衍歷程，開啓閩江文明之源；黄壇古窑址，上垟窑迹群，竹口窑系列，慶元瓷窑火千年不滅；豹隱洞書堂[二]，一門雙進士的『雙桂聯坊』[三]，大濟迎旨門街，見證了慶元宋韵之輝煌；三公砍花，驚蕈製菇，敬爲菇神，尊享祭祀八百年，成就林-菇共育世界農業文化遺産；如龍伴來鳳，興賢、楊公、咏歸合璧，濛淤、後坑染紅色，寫就慶元廊橋人類非遺之密碼。

據縣志載，慶元本禹貢揚州域，周爲七閩地，歷秦漢暨唐因之，吴越爲東平鄉，五代時，王審知據閩改名松源鄉，屬處州龍泉[四]。宋寧宗慶元三年（一一九七）吏部侍郎胡紘請於朝，以所居松源鄉、延慶鄉之半置縣，因以紀年賦名，迄今八百二十七春秋。

慶元首任縣令富嘉謀臨政不苟，於慶元一縣之規建有草創之功，撰述《建慶元縣經始記》[五]，述慶元建縣及相關衙署等工程建設之始，記曰：『慶元丁巳（一一九七），民以狀白府，請以松源一鄉益以延慶鄉之半，聽置爲邑。聞於郡刺史，達於朝。時冬官貳卿胡公紘，松源人也，爲丞相京祁公所推重，首言建邑便。祁公深然之。冬十一月詔可，錫名「慶元」。宜得才智士經始之，乃不以嘉謀無似，俾之首膺其選。丞相大書縣額，以鎮兹土。始鑄縣印，俾嘉謀躬佩而往。』寥寥數語記載了慶元建縣因緣及始末，亦顯縣志之風。

歲月悠悠，厚積而薄發，時光荏苒，史志流芳華。

## 二

志者，記也，述也。地方志是以一定地域爲範圍，按一定體例綜合記載一定時期自然、社會各方面的現狀和歷史的資料性著述。縣志者，記載一個縣之歷史、地理、風俗、人物、文教、物産等的專書。《四川通史》言：『非志則無以知歷代之成憲，非志無以知山川之險易、田地之肥瘠、穀種之异宜，非志無以知户口之多寡、官吏之賢否。是故聖王重焉。』

慶元自南宋置縣至民國三十八年（一一九七——一九四九）修纂縣志計十二次：

宋及元代各修一次。宋代修纂《括蒼慶元志》一卷，據《宋史·藝文志》著録，邵笥撰。此慶元縣志，冠以括蒼者，以别於明州之慶元也，舊志未載，早佚。清雍正《浙江通志》卷二五三誤將此志列入《處州府志》類中，故未有人知。元代修纂有《松源志》，纂修者、卷帙和纂修時間，舊志均未記載，乃在慶元《化成寺碑》[六]中提及。此碑文乃元至正十年（一三五〇）縣尹孔暘所立。碑文提及化成寺和咏歸橋等建築歷史是根據《松源志》的記載寫的，由此可推斷該志約修於元泰定至天曆元年間（一三二四——一三二八）。

明代修纂縣志四次。其一爲明正統元年（一四三六）前修纂的《慶元縣志》，卷帙及纂修者未詳，舊志缺，《文淵閣書目》卷四『新志』著録。其二爲明萬曆五年丁丑（一五七七）邑令沈維龍纂修。其三爲萬曆四十七年己未（一六一九）知縣汪獻忠增補，越一年增刊。其四爲明崇禎十五年壬午（一六四二）知縣楊芝瑞復增刊刻。

清代修纂縣志五次。其一爲清康熙十一年（一六七二）《慶元縣志》，共十卷，知縣程維伊修，吴運光纂。其二爲清嘉慶七年（一八〇二）《慶元縣志》，共十二卷，知縣關學優主修，吴元楝纂修。其三爲清道光十二年壬辰（一八三二）《慶元縣志》，共十二卷，知縣吴綸彰主修。其四爲清道光二十三年癸卯（一八四三）《慶元縣志》，共十二卷，知縣宋琛補修。其五爲清光緒三年丁丑（一八七七）《慶元縣志》，共十二卷，知縣林步瀛、史恩緯主修。

民國修纂縣志一次。民國《慶元縣志》十四卷，民國二十一年（一九三二）先由姚文林主修，民國三十八年（一九四九）吴鐘祥續修，一至五卷缺，未刊印。

三

本《慶元縣志輯》共收録慶元縣志和相關方志文獻十種，旨在全面展現慶元歷史發展之風貌，賡續慶元之文脉，資政慶元經濟社會發展。

【成化】處州府志·慶元卷。該卷從《處州府志》中析出。明【成化】《處州府志》爲明成化二十二年（一四八六）處州府儒學訓導劉宣編輯、知府郭忠校正，是麗水目前可搜索到的存世最早的府志，編纂體例上每個縣都獨立成卷，慶元卷編入第十五卷，内容依次爲慶元縣境之圖、沿革、山川、縣治、坊巷、公署、學校、壇廟、橋渡、土産、户口、貢賦、寺觀、古迹、名宦、人物、紀載等計二十六部分，約一萬四千字。『慶元卷』也可視爲存世最早之慶元縣志。

【崇禎】慶元縣志。爲明代存世縣志残本，其特點是經沈維龍、汪獻忠、楊芝瑞三位知縣修纂匯編增補而成。沈維龍，福建晋江人，萬曆二年（一五七四）任慶元縣知縣，居五年，廉明剛毅，剔奸厘弊。修邑乘，置學田，苞苴盡絶，帑藏肅清，入祀名宦。汪獻忠，安徽歙縣人，於萬曆四十五年至四十七年任慶元縣知縣，於萬曆四十七年增補縣志。楊芝瑞，安徽當塗人，於崇禎十三年（一六四〇）知慶元縣，十五年增補縣志。贊其『廉明勤敏，令行如風雷，凡有益於民社者無不盡心，尤以作新士類爲首政。修城池，築六隘，建咏歸橋，補天閣，修堰灌田，百廢俱興。禦盗有功，民獲生全，尋升武定知州，未行，卒於官』。邑人悲惘感懷，遂改楊芝瑞修建咏歸橋爲楊公橋，以志不諼也。楊芝瑞亦入祀名宦祠。三任縣令三次纂修，存世縣志前四卷及卷之五前部分缺，書中未見纂修者、卷帙和纂修時間，亦無序言、目録，世人總冠以『萬曆縣志』。但從所剩内容看，記載有明天啓四年（一六二四）縣丞葉咸章，收録有明崇禎五年慶元儒學教諭胡若宏《督建學緣首十六人引》等文，故是志确爲明崇禎縣志。

【康熙】慶元縣志。由知縣程維伊修，吴運光纂。程維伊，字懷人，湖北楚黄蘄水人。清順治三年（一六四六）舉人。康熙三年（一六六四）至十二年任慶元知縣，莅任九載，建官署，葺學宫，竪城樓，清地畝，民鮮春糧，授種導植，食鹽聽民自買，禁奸商運賣之弊。修邑乘，建橋梁，百廢俱興。尤加意人才，置育英、儲英二莊，召生徒課藝其中，并買租田，作鄉會兩試之費。後以憂去，士民如失慈母。著有《積雪樓稿》《松源匯編》。是志爲殘本，殘存内容共二百八十頁，約五萬六千字，前四卷及卷之五前部分缺，卷首有程維伊、吴運光分别作序以及慶元儒學訓導戚光朝所作的《後序》與慶元名士季灯所作的《跋》，是志修於康熙十一年。從所剩内容看，記事起於宋天聖甲子年（一〇二四），下訖明崇禎年間。編纂《康熙慶元縣志》的吴運光評價其『雖標列成帙，類皆猥冗而失綸，忭訛而弗實，適博古唇耳』。

【嘉慶】慶元縣志。由知縣關學優主修，吴元楝纂修。關學優，字乃來，號若谷，廣東順德人，據《咸豐順德縣志》，關學優乃乾隆三十五年（一七七〇）舉人，乾隆五十九年任廣東連州知縣，嘉慶四年（一七九九）至七年爲慶元知縣。政務簡要，吏民相安。邑乘久廢未修，倡爲續志，擇文秀士食而教於署，文風丕變。吴元棟，字厦峰，慶元縣後田人。乾隆三十九年貢生，性沉静，寡言笑。不事繁華，博涉經史，究心製藝，試必冠軍。宿學老成，共推一邑之望。邑令延修志乘，取裁獨精。是志始修於嘉慶四年，嘉慶七年修成并刊刻，叙事上起宋天聖二年（一〇二四），下訖嘉慶六年，『廣徵見聞，蒐討裒輯，以舊志爲本，而參諸府志及鄰邑志，統之以綱，繫之以目』，約十三餘萬字。距康熙十一年程維伊纂修縣志有一百二十餘年，其間事迹湮没，幾於文獻無徵，識者慮之。『以前不妄損，亦不妄增，從其舊也。壬子以後不敢遺亦不敢濫也。』本着實事求是的原則修成是志。

【道光】壬辰慶元縣志。清道光年間有兩部《慶元縣志》存世，分别爲壬辰年（一八三二）和癸卯年（一八四三）纂修。道光十二年壬辰縣志，由知縣吴綸彰修，邑人周大成等纂。吴綸彰，字纘經，廣東肇慶開平樓崗人，廪貢生，道光十年至十六年任慶元知縣，復升雲南雲龍州知州。周大成，清道光年間慶元後田人，歲貢生，持躬端謹，博學能文，多所造就。邑令吳綸彰研修志乘，『校正半出其手』。是志述事上起宋天聖二年（一〇二四），下止清道光十二年，吳綸彰在《【嘉慶】慶元縣志》基礎上『分類編補』，『網絡散失，表彰舊聞』，重修而成，全書約二十餘萬字。

【道光】癸卯慶元縣志。道光二十三年（一八四三）由知縣宋琛在壬辰縣志基礎上補修而成。宋琛，字丹崖，直隸（今河北）灤州舉人。道光十九年至道光二十三年任慶元知縣，二十四年知平湖縣。是志補修於道光二十三年，距吳綸彰修志僅十一年，宋琛延請呂春泉、章朝山任筆削，增加吳志以來在孝悌、貞廉、義夫、節婦等方面的內容，卷首有宋琛《補刻邑志序》。

【光緒】慶元縣志。由慶元知縣林步瀛、史恩緯主修。林步瀛，號研齋，福建永泰縣嵩口人，同治七年（一八六八），與其兄長林懋祉同登洪鈞榜進士，一時『同宴瓊林』傳佳話，同治十年任慶元知縣，十三年復任慶元知縣。史恩緯，字静伯，順天宛平（今北京市）人，監生，光緒二年（一八七六）七月任慶元知縣，後於二十年三月任遂昌知縣，其自叙『仕浙江數十年，踪迹亦遍浙江東西』。處州知府潘紹詒嘉其『勇於任事而捷於奏功，裨於慶事不少也』。是志最早是林步瀛規劃重修，但因其旋調平昌，事遂中寢。光緒二年，知縣史恩緯再次啓動重修，教諭韓錦濤、訓導高奉藻協修，史恩緯總纂。是志修於光緒三年，同年刻印。卷首有當時處州知府潘紹詒，知縣林步瀛、史恩緯分别所作之序，全書約二十七萬字。

【民國】慶元縣志。民國二十一年（一九三二），慶元設修志館，由清廪生姚文林主修《慶元縣志》，續修清光緒三年（一八七七）後五十餘年間的史迹。完成時正值抗日戰争爆發，未刊印。民國三十八年，修志館館長吴鐘祥續修該志，但未完成。『文化大革命』期間，該志稿輾轉至龍泉。一九八四年，縣檔案館原館長吴國良在龍泉法院的廢紙堆裏發現該稿，并通過與麗水地區檔案館、龍泉檔案館等單位及人士的多次溝通聯繫，於一九八五年底轉交至慶元縣檔案館。該志稿經整理後存卷六至卷十四共九卷、十三册，共一千二百八十九頁。是志以清光緒縣志爲基礎，時間下限截至民國二十一年。從該志稿的增删與眉批的按語上，處處可看到姚文林對史料的考證和剖析，不僅態度嚴苛，而且提出不少獨到的見解，同時也留下不少詩文遺作。縱觀該志稿，對待歷史尚客觀、嚴謹，補充、校正了舊志中的一些重要遺漏和謬誤，雖殘缺不全，却是慶元唯一一部民國時期縣志，仍不失是一部珍貴的史料。

【民國】慶元縣志採訪録。由史澄章編輯。史澄章，江蘇宜興人，民國十六年（一九二七）三月至五月任國民黨慶元縣黨部籌備處主任，編輯《慶元縣志採訪録》二卷。卷一爲封域志，卷二爲建置志，約二萬字。此採訪録爲史澄章的個人筆記，主要内容是二十世紀三十年代，姚文林等人牽頭第一次修民國版《慶元縣志》時，史澄章作爲其中的一名參與者，在工作過程中的工作筆記，後整理成册。是志在採集舊志所載基礎上，加之親自尋訪研究後，綜合編輯成書，故謂之『採訪録』。全面詳細記述了慶元縣民國時期封域和建置方面的縣情，并在叙述每方面以及每條目之前，先對該方面的源流、沿革、重要性等做一簡要綜述和評價，再以『編輯史澄章識』字樣加以注明。

【民國】慶元概述。由姚雋先生編著。姚雋，字德生，慶元縣濛洲街道後田人，生於一九一六年四月，卒於一九五二年五月。先後擔任過玉田小學校長、松厢鎮鎮長、救濟院院長、商會會長等職。較早接受新思想，爲慶元縣『文化界抗敵協會慶元分會』會員，加入中國共産黨後一直做地下工作。

是志撰寫於民國三十二年（一九四三），内容主要包括沿革、山脉、河流、物産、民情、風俗、言語、行政區分、名胜、先賢傳略、雜記等十九部分，約一萬字。作者遍歷慶元縣各鄉考察，深入了解本縣之自然環境、民族、歷史及典故，參考縣志及衆多圖書之記載後寫成，言簡意賅地概述慶元全貌，亦可與其他慶元史志相互印證，補慶元其他文史記載之不足，具有一定的歷史參考價值。

## 四

根據《編纂通則》，《慶元縣志輯》收録一九四九年十月前存世的縣志及相關志書文獻壹拾種，以影印形式裝幀爲十四册。歷代慶元縣志，其叙事皆上起宋天聖二年（一〇二四），以慶元大濟吴穀高中甲子科宋郊榜進士爲標杆，而宋代是慶元高光時代，歷代縣志皆予以頌揚的仕宦、忠烈、進士很多，有建縣功臣的胡紘、有慶元首任邑令富嘉謀，有任禮科給事中，仕至尚書的神童陳嘉猷，有釋褐狀元、知錦州的劉知新，有禦敵抗金的忠烈吴兟、吴樞[七]等等。自《康熙慶元縣志》始，《三字經》創作者、禮部尚書、給事中王應麟頻頻在縣志中呈現，其生平事迹及隱居竹口的印迹頗豐，彰顯了慶元對文化名士的敬仰。閲縣志可以尋覓祖籍及个人的歸屬鄉貫，了解到縣衙官吏的更替，了解到古城街巷的營造，了解到慶元廊橋、慶元學宫、慶元宗廟的遺存。從縣志的藝文志中，還可以讀到大量的序跋、歷史紀載文獻及優美的詩賦。

《慶元縣志輯》爲我們認識地情、科學研究地方經濟社會發展積累資料，爲資政決策提供依據，其具有資料性價值與功能；纂修慶元縣志要求實事求是，據實而書，『夫志，爲一邑實録』，志書所録，又多爲經過分析考證的一二手資料，具有紀實性和實録性。

慶元縣志歷經十二次纂修，每次纂修都以前志作爲基礎，加以增補續修，從而不斷豐富了慶元史實。一部縣志打開一個世界，一輯縣志賡續承接，察視千年慶元山川人文的演繹，《慶元縣志輯》的編纂出版具有厚重的歷史意義，更具有繼往開來的現實意義！

楊賢高　公元二〇二四年十一月

【注釋】

[一] 據琚香寧、陳化誠等二〇二四年十一月二十二日發表於『文博中國』微信公衆號上的文章：《浙江麗水慶元發現新石器時代晚期中心聚落遺址——慶元小熊山遺址考古發掘收穫》。

[二] 據盧朝升編著的《處州書院》『慶元豹隱洞書屋』。

[三] 據劉杰、胡剛主編的《鄉土慶元》『雙門橋』。

[四] 據姚德澤著《濛洲史事鈎沉》『百里松蔭號松源』。

[五] 據許旭堯編注的《處州歷代文選》富嘉謀《建慶元縣經始記》。

[六] 據一九九六年版《慶元縣志》化成寺碑碑文。

[七] 據趙治中點校的《明成化〈處州府志〉（點校本）》『名宦、人物』。

# 編纂通則

## 一、收録範圍

（一）收録慶元縣一九四九年十月以前編纂的所有存世縣志。

（二）收録與慶元相關的具有縣志特點的文獻。

（三）同一版本縣志被多處館藏，在條件許可之下，盡可能選取版本品相相對完好者收録。

## 二、編纂體例

（一）共安排十四册，以影印方式編輯出版。

（二）全書以縣志修纂出版時間順序編録。

（三）每種收録縣志及文獻都寫出著述提要，提要内容包含作者介紹、主要内容、不同年代縣志前后承接及增删的内容，學術評價、版本收藏情況等。

（四）提要分置於每種文獻之前。

三、框架結構

全書結構依次爲：總序、前言、編纂通則、總目録、各分册正文、慶元縣志佚著存目、後記。

# 總目録

第一册



第二册



第三册



第四册

第五册

【道光】壬辰慶元縣志　一　［清］吴綸彰　修　周大成　等纂

第六册

【道光】壬辰慶元縣志　二　［清］吴綸彰　修　周大成　等纂

第七册

【道光】癸卯慶元縣志　一　［清］吴綸彰　修　宋　琛　補修　周大成　等纂

第八册

【道光】癸卯慶元縣志　二　［清］吴綸彰　修　宋　琛　補修　周大成　等纂

第九册



第十册



第十一册



第十二册

# 第一册　分目録

# 【成化】處州府志·慶元卷

# 【成化】處州府志・慶元卷 一卷

［明］劉　宣　編輯　［明］郭　忠　校正　清刻本

劉宣，晉安（今福州市）三山人，明成化年間鄉貢，後由進士出任處州府學訓導，博雅能文。處州郡侯郭忠修府志，屬之編輯，事詳而核。趙治中先生贊其『博綜典籍，諳習掌故，又網羅舊聞，審慎厘訂，故編纂的府志詳簡得宜，甄綜有法，慎而不偏，賅而不侈』。具體生卒年待考。

郭忠，河北肥鄉（今邯鄲市肥鄉區）人，生年待考，成化五年（一四六九）進士，纍遷户部郎中，十八年至二十二年，以户部郎中出守處州，任上多有建樹：重建府治，改建盛貯軍器庫，重修府學觀德亭、射圃、儒學倉、生員號房，重立大成殿、東西廡、戟門、欞星門、神庫、神厨、宰牲房、滌牲池、庫門諸名目，主修府志，親自校正文字。《栝蒼彙紀》載其『剛介有威，面如鐵，人呼爲郭黑面。勤於政事，審知民爲侵科所苦，細查户口，糧差通融均定，應納户口給一票，縣官不得科派，豪右不得侵漁，民甚便之。專意作興人才，士心感奮。以勞瘁，卒於官』。萬曆間入祀處州名宦祠。清順治十六年（一六五九），知府周茂源於府治後建郭公祠專祀之，作《郭公祠記》云：『公長身鐵面，嚴重有威。家視栝，子視民，凡可以去栝之疾苦而爲其安全計者，莫不焦思畢力以圖。終於形枯神歛，以卒於位。』據此亦可知郭忠卒於任上，時間在成化弘治之交。

明《【成化】處州府志》，全書凡十八卷，前兩卷爲本府志，其後爲麗水等處州十縣縣志。是志即從卷第十五慶元卷中析出，内容依次爲慶元縣境之圖、沿革、分野（見府志）、疆域（至到附）、形胜、風俗、山川（凡山水悉附）、城池（無）、縣治、坊巷、公署、學校（書院義塾附）、壇廟、塘堰、橋渡、養濟院、漏澤園、土産、户口、貢賦、寺觀（堂閣庵院類附）、古迹、名宦、人物、紀載（詩、文、雜著）等内容，約一萬四千字。内容詳實博贍，簡括而系統。明《【成化】處州府志》，是所有流傳存世的《處州府志》中最早的一部，因此，該志對於研究慶元歷史文化及其傳承發展有重要的參考價值。

是志叙事上起宋天聖甲子年（一〇二四），下訖明成化二十年（一四八四），修成於成化二十二年，同年刊刻。據《中國古籍總目·史部》，目前國内僅有北京圖書館、上海圖書館及寧波天一閣藏有《【成化】處州府志》，然皆爲殘本，不便於學界研究利用。日本國立國會圖書館藏有明治九年（一八七六）文部省交付的成化《處州府志》之完帙。一九六七年春，麗水籍史學家宋晞在日本發現此本，遂設法攝成膠卷，并複印一份帶回臺灣，後麗水市檔案館輾轉得到這份膠卷之洗印本。二〇二〇年方志出版社出版了趙治中教授點校本。今據日本藏明成化版膠卷洗印本影印出版。黑口，四周雙邊，雙黑魚尾。卷端題『訓導劉宣編輯，處州府知府郭忠校正』字樣，版心刊書名、卷次及卷内頁碼。半頁十行（小字雙行），行二十一字。（李巖）

# 慶元縣

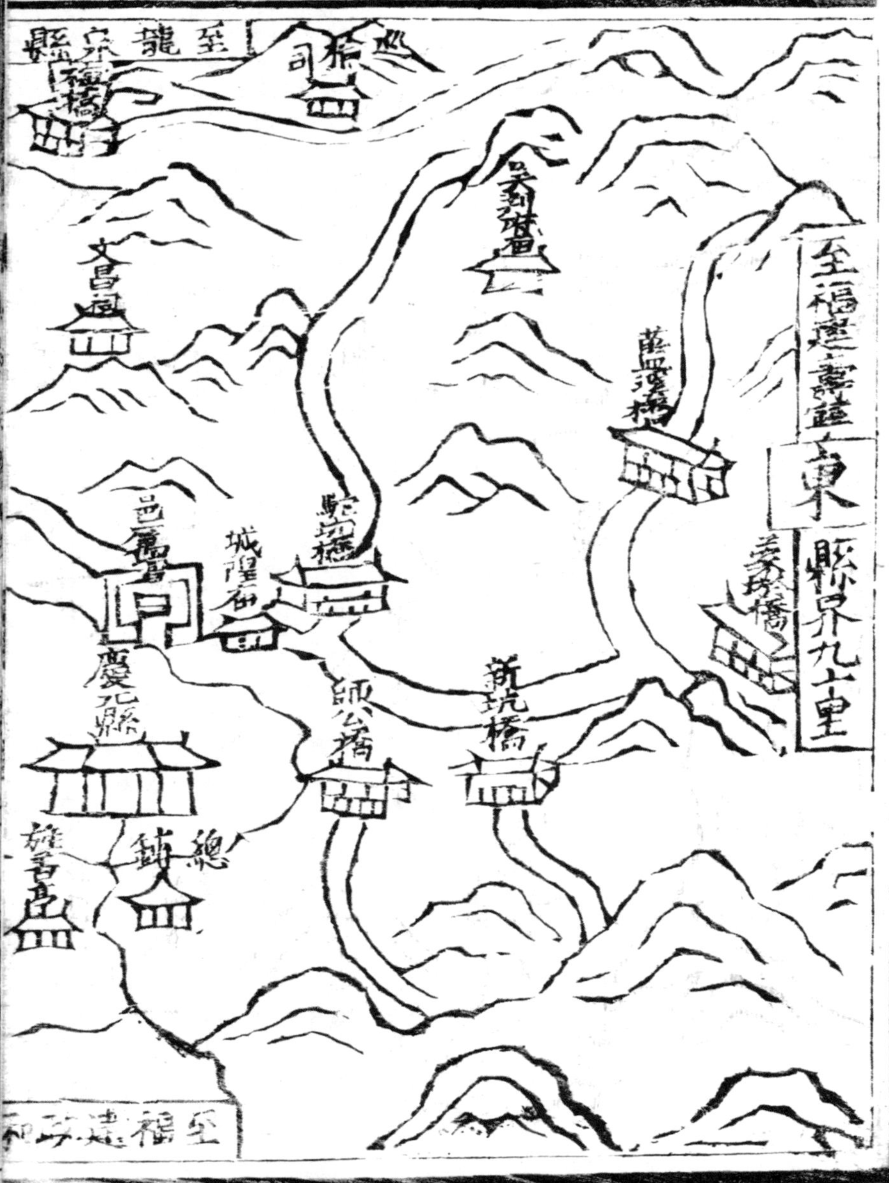

境之圖

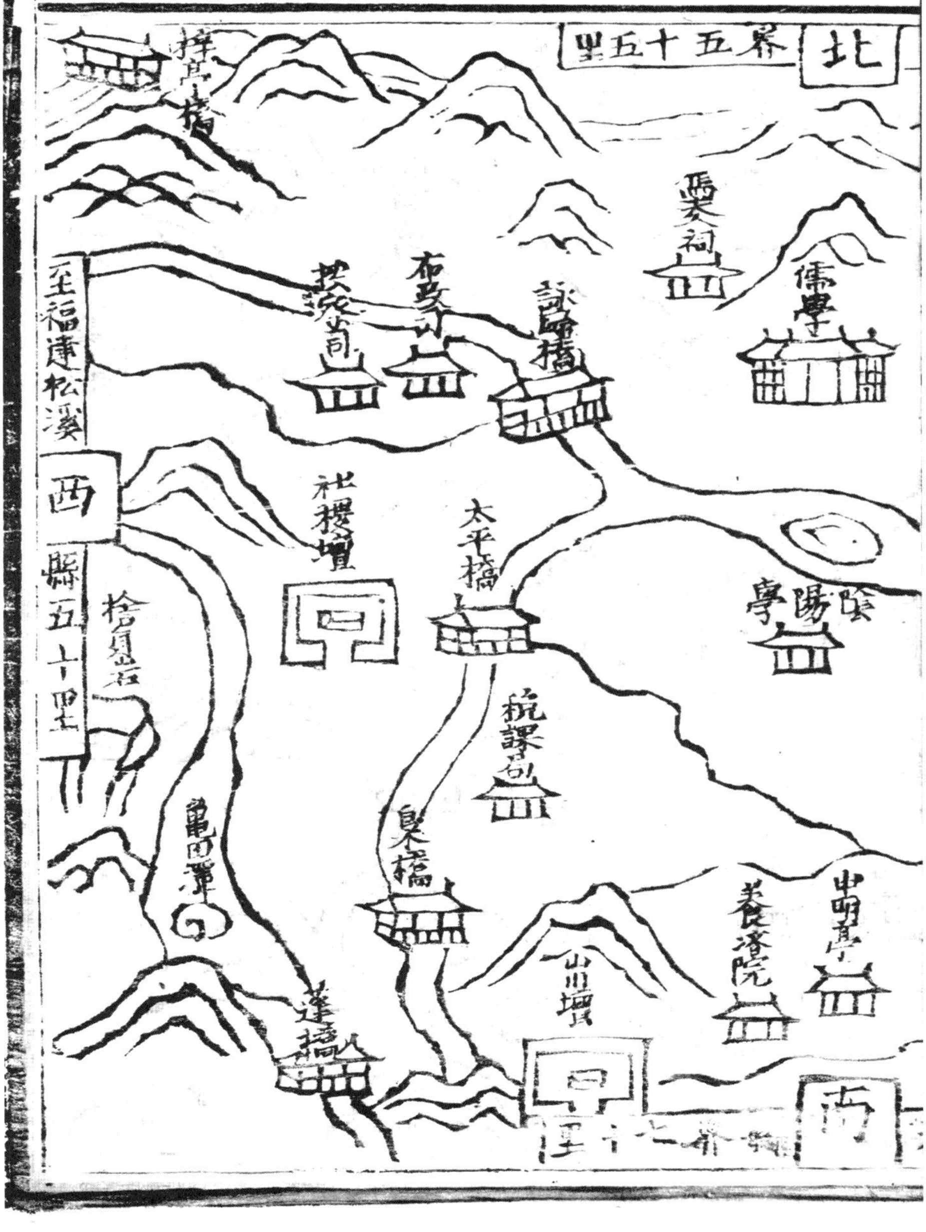

處州府誌卷第十五

訓導劉宣編輯
處州府知府郭忠校正

## 沿革

慶元縣建置沿革

按慶元本龍泉縣之松源鄉宋慶元三年析置縣因紀年爲名屬處州元因之

國朝洪武初省入龍泉以其地爲巡檢司十四年後置慶元縣隸於處州府

## 分野

見府誌

## 疆域 至到附

本縣疆域

東距西二百三十里

南距北一百二十五里

東南距西北二百六十里

東北距西南一百五十里

至到

東至福建壽寧縣界九十里

南至福建政和縣界五十里

西至福建松溪縣界三十里

北至龍泉縣界五十五里
東到壽寧縣一百九十里
南到政和縣一百里
西到松溪縣八十里
北到龍泉縣一百七十里
東南到政和縣一百五十里
西南到政和縣九十里
東北到景寧縣二百里
西北驛道到龍泉縣一百五十里

群峯環翠衆水合流路僻而車轍少至溪廻而舟楫不通去府治爲最遠實界乎閩蓬之間也

## 風俗

地處幽僻俗尚朴固禮讓詩書[illegible]之十邑居八九之間至若視龍泉亦不甚相遠然而變易之漸不能不由乎其人

## 山川 凡山水類悉附

○山

石龍山在縣西蜿蜒如龍故名

霞帔山在縣治前色如渥丹術者指爲霞帔之祥

薰山在縣西一十二里與錦山對

錦山在五都即巾子山昔舊相傳昔有仙橋貫于二山之巔仙車寶伏往来橋間歷歷可數或隱隱聞樂聲劉知新狀元釋褐年嘗見三橋高貫于上

文筆山在縣西與薰山相連因勢圓尖如削故名

鳳山在縣西七十里峯勢翱翔如鳳故名

仙桃山在縣西一十二里舊有仙人居之山有桃樹交加時聞仙樂聲

百丈山在縣西二十里五代時馬氏二女于此脩道山下有龍湫禱雨多應

温陽山在縣西南高幽衆山昔有老人年一百二十
三歲居此或疑其遇仙云
象山在縣北四都形勢如象今學宫居其下
半月山在一都形如月鉤故名
琵琶山在九都形勢儼如琵琶
松源山在縣南大濟山上下多松
○嶺
膺嶺在縣南東一十里
石梯嶺在縣東二十五里
洛嶺在縣東南六十里

盖竹嶺在縣東一十里
梧桐嶺在縣東三十里
大陌嶺在縣西南四十里
寨後嶺在縣西北三十五里
○巖
百花巖在三都山多花卉舊有神仙往来此山歲旱
禱雨隨應
○洞
廻龍洞在縣南一都
拏雲洞在二都洞中可容数百人常有雲氣騰空禱

兩有應

〇川

松源川在一都大濟又名濟川

〇溪

蓋竹溪在縣東二十里

濛洲溪在縣東一十五里

張洑溪在縣後西流合槎溪水

槎溪在縣西二十里水流入於閩建

芸洲溪在縣西二十五里流於閩建

蒲潭溪在縣南三十里

梓亭溪在縣西四十里流於閩建
小梅溪在縣北七十里水東流入龍泉至于海
桃洲溪在五都
○潭
石龍潭在縣西中有石狀如龜出水面或以爲學宮
印星宋放生池在此
山際潭在縣東五里
銅鉢潭在縣南二十五里
三井龍潭在縣北四十里深山複嶺石壁高峻上有
泉三泓最下一泓其深莫測歲旱禱雨隨應宋紹

興十二年賜博濟廟額

○泉

鋪前泉在縣前鋪之左冬夏不涸色清味甘天順間

縣丞傅泰鑿爲井

○井

大街井在縣西大街泉冬暖夏凉雖甚旱汲之不竭

城池無

縣治

宋知縣富嘉謀建至元間燬於寇二十七年達魯

花赤亦都散再建

國朝洪武二十七年知縣李仲仁以縣治迫狹遷南
十餘步以廣其趾
正廳三間　典史廳一間　穿堂一間
後堂一間　吏房八間　戒石亭一座
架閣庫一間　監房五間　儀門三間
譙樓三間　神祠一間　左右抱厦二間
知縣一縣丞二主簿典史公廨各一所
〇縣屬
稅課局在縣西隅太平橋東
大使一員　司吏一名

陰陽學
訓術一員
醫學
訓科一員
僧會司
僧會一員
道會司
道會一員
預備倉五所
東倉在一都　西倉在十二都

南倉在六都　　北倉在八都

中倉在縣前

申明亭在縣東隅

旌善亭在縣西隅

隅都街市鋪舍類附

坊巷

○坊

承流坊　宣化坊　安順坊

景星坊　宅相坊　儒効坊

肅民坊　絃歌坊　迎恩坊

賢德坊　上倉坊　石龍坊

崇儒坊　　興賢坊　　毓秀坊

肅政坊

狀元坊爲劉知新立

神童坊爲陳嘉猷立

桂香坊爲進士吴競吴逵立

八行坊爲吴彦申立

雙桂坊爲吴轂吴轂立

擢秀坊爲舉人葉祥立

奎光坊爲舉人鄭熊立

步蟾坊爲舉人吴源立

登科坊為舉人吳仲賢立
繼賢坊為舉人吳譽立
登雲坊為舉人趙樞立
承宣坊在布政分司前

〇門

就日門在縣東
迎恩門在縣西
宣化門在縣南上倉巷口
承流門在縣北

〇隅

東隅　西隅

○鄉

松源鄉管里四都四　從政鄉管里四都四

縈慶鄉管里四都四

○鋪舍

縣前鋪在譙樓前　金村鋪去縣一十里

水面鋪去縣二十里　黄荆鋪去縣三十里

梓亭鋪去縣四十里　大濟鋪去縣五十里

楓樹鋪去縣六十里

○公署

布政司分司在縣西六十里
正廳三間　穿堂一間　後堂三間
廊房共六間　二門一間　廚房一間
外門一間
按察司分司在縣西隅
正廳三間　穿堂一間　後堂三間
廊房共六間　二門一間　廚房一間
外門一間
府公館在縣西隅
正廳三間　後堂三間　抱厦二間

譙樓五間　廊房十二間　外門一間

學校書院義塾附

宋慶元三年知縣富嘉謨建於縣北瀆田上村元至元十五年火二十七年知縣馮義重建

國朝洪武初省入龍泉後十四年仍設縣遷學于就日門之東逼近溪澗且有水患知縣張宣教諭夏禮議請復建舊址越朞月而學校一新

大成殿三間　兩廡各七間　戟門三間

欞星門三座　明倫堂三間　兩齋六間

會膳堂三間　廚房一間　號房十間

學倉三間　神厨三間　神庫三間
泮池一口　文昌祠一所　學門二座
射圃一所
教諭一訓導二公廨各一所　司吏一名
○書院無
○義塾無

## 壇廟

社稷壇在文筆山下
神門四座　神厨三間　神庫三間
致齋所三間

風雲雷雨山川壇在縣西南
神門四座　神廚三間　神庫三間
致齋所三間
邑厲壇在就日門外
城隍廟在縣東
東嶽行祠在四都
護應行祠在縣前
順濟陳夫人行祠在四都
靈順行祠在迎恩坊前
顯靈廟在二都

濟川行祠在縣南大濟
馬夫人行祠在一都往時鄉多虎狼居民患之遂
立祠於湖山祀之自後虎狼遁迹

塘堰

周墊堰在二都　朱村堰在五都

橋渡

○橋

太平橋在縣西又名杭橋元至元二十六年重建
興賢橋在儒學前又名詠歸橋
大明橋在縣東　濛洲橋在二都元至元間建

攀龍橋在縣南
槎溪橋在八都宋淳熙間建
南陽橋在二都
連鰲橋在十二都小梅
黄連橋在二都
善濟橋在縣東二里
蘭溪橋在二都
安定橋在縣東三里
把馬橋在五都
福安橋在一都小濟
永安橋在六都
瓦窑橋在縣西五里
武定橋在六都
魯班橋在八都
安樂橋在六都
黄荆橋在八都
芸洲橋在六都
部梁橋在九都
蓬橋在七都
駟馬橋在一都舉溪

隆宮橋在七都　閔門橋在十二都

雙門橋在大濟　觀音橋在十二都

沙板橋在十都

## 養濟院

在縣南上倉

## 漏澤園

在縣北瀆田上村

## 土產

○穀類

稻　黍　大麥　小麥　荳

○果類

桃　梅　李　栗　梨

杏　橘　橙　林檎

○菜類

芥　薑　葱　韭　蒜

○木類

松　杉　樟　欏　柳

檀　栢　槐　榅

○禽類

錦雞　白鷴　鵲　鷄　鴨

○獸類

牛　羊　犬　馬　麂

獐　豬　狸　虎　麖

○魚類

草　鰱　鯉　鯽　鰕

○窑冶

碗窯一十二處　甆瓦窯二處

銀坑五處　鉛坑一處

## 户口

成化八年

戶六千九百七十四

口一萬九千七百五十四

成化十八年

戶六千八百三十

口一萬九千七百八十八

## 貢賦

○貢

茶芽三斤　錦鷄九隻

白鷴七隻　玉面狸三隻

松香二十七斤六兩　瀝青二十一斤十二兩

硇砂麄一斤十四兩　蛇含石三兩

麂皮四十張　羊皮九十張

花狸皮一十張　弓一百八十張

箭一千四百八十枚　弦九百條

曆日黄白紙一萬七千一百三十六張

○賦

官民田地山塘一千三百二十九頃七十四畝八

分三釐三毫

夏税

麥三百石二斗二升六合五勺

絲一十八斤八兩三錢五分

農桑絹九疋

秋粮

米三千八十三石五斗一升七合八勺

課程

商稅等項課鈔七千六十七錠一貫五伯文銅

錢三千九文

房地賃等項課鈔五百八十錠五百八十文銅

錢五千八百一文

窯冶等鈔七十一錠三貫銅錢六千四百七十

四文
鉛冶課鈔七十一錠三貫銅錢七百一十六文
過歲開辦課銀三千二百四十二兩

寺觀 堂閣菴院類附

○寺
神力寺在縣西石龍山下唐乾符二年建
大明寺在縣東五里唐乾符元年建
廣福寺在五都唐乾符元年建
慈相寺在七都唐乾符二年建
净心寺在九都唐乾符三年建

法會寺在八都唐泰和二年建
安禪寺在八都唐光啓元年建
薦福寺在六都宋乾德二年建
覺林寺在十一都宋太平興國元年建
化成寺在十一都宋太平興國二年建
真乘寺在六都宋淳化二年建
勝因寺在十都宋咸平三年建
天真寺在十二都宋咸平七年建
梵安寺在十二都宋咸平四年建
大覺寺在十都宋咸平七年建

多福寺在九都宋咸平十年建

淨悟寺在七都唐乾興元年建

## 古蹟

梓亭寨在九都為禁慶巡撿司今廢

籍桂亭在縣前舊有亭扁籍桂二字立石題進士名兩旁有池植荷花夾岸栽楊柳元至元十五年火大德九年縣尹于崇重建

手詔亭在縣南　須春亭在縣南

鞠亭在縣治内俱廢　放生池在神力寺前

## 名宦

宋

富嘉謀慶元三年知縣時初立縣闢街市營公宇立學校置壇壝不期年而成民無勞擾

國朝

曾壽庚子年知縣清忠愛民時夏旱民疫病之壽親爲經理陂堰引水溉田禱雨獲應民賴無飢後以草寇石抹申攻縣壽守節不屈死於賊士民至今思之

劉茂甲辰年主簿時青田山寇夏清四等連結閩寇累年抵縣攻掠茂保聚居民招集[illegible]

閭等設法攻禦竟破賊鋒克復縣治往滿陞鄭州河陰縣知縣

董大本洪武十四年知縣時方復置縣其縣治學校悉就廢大本一時皆治之廉能公幹建政立法撫民寬厚馭吏嚴明及今民頌之不已

魏明德洪武十四年爲丞創始立法愛民如子時青田縣賊葉丁香吳達三等作耗

朝命延安侯統兵勦捕之侯以邑之二都與賊連境欲戮其衆明德直抵軍營泣涕白侯曰吾邑民皆從化無悖逆者寧戮吾身不忍傷民命侯從之

民得全生至今咸蒙其德

羅仕勉宜章人由監生來知縣事公廉一求斷扶弱抑強洪熙元年小民私採銀礦錦衣衛百户田福搜縣拘捕大肆奸貪罪及良善仕勉具實奏聞民得不死至今思之

鄭師陳莆田人正統初教諭明教條嚴考課講明經意諸生德之弗忘

張宣眉州青神人由監生景泰四年知縣事有善政在任九年訟息民安解任歸民有去思

人物

忠烈　武功　孝義　貞節　科貢　隱逸　仕宦　仙釋

○忠烈

宋

吴兢由進士宰會昌縣建炎丁未潰兵楊勍自浙東寇入會昌境邑民駭散兢自往賊營諭以忠義勍知兢龍泉人以所掠何氏女子遣兢送還俄有賊殺二尉寇掠平民兢又往招撫宣諭使劉大中奏兢忠勇除通判處州

吴樞字時發靖康初募有能使金國者樞毅然請行至北金人燒鼎欲烹之樞辭不屈金人壯而遣之使還閩寇葉儂叛被檄招降後知嘉興縣

○孝義無

○科貢

進士

宋

天聖甲子科　吴穀

景祐甲戌科　吴轂

熙寧庚戌科　吴桓

熙寧癸丑科　吴翊

熙寧丙辰科　吴庸

政和壬辰科　吴彦申

嘉定甲戌科　吴淇
嘉定庚辰科　吴人可
寶慶丙戌科　吴巳之
嘉熙戊戌科　吴椅
寶祐丙辰科　吴松龍
童科　陳嘉猷
國朝
舉人
永樂乙酉科　姚珙
永樂辛亥科　吴仲信

永樂甲午科　葉祥永

永樂庚子科　趙樞　吳仲賢

永樂癸卯科　吳源

正統辛酉科　鄭熊

成化辛卯科　吳譽

歲貢　選貢俱入此

吳道保　吳熊　崔中　吳佐

吳琄　楊溢　潘鈞　周深

吳杰　楊鞋　吳禮　吳坦

吳愈　吳陳　姚承誠　姚承蹟

姚永僧　吴秉初　葉洪　姚克平
姚茂誠　姚永勳　季存欽　吴長壽
吴深　吴子興　周文廸　謝志清
葉慧清　楊志高　朱寧　賴景行
劉存壽　鮑琦　林敏　葉盛
楊誠　姚道澄　姚公器　吴瑛
葉道隆　夏大進　吴輔　葉興
季朗　吴汝禎　夏道保　陳洪
楊善　吴潭　吴盛

○仕宦

宋

吴穀除建州建安縣尉陞大理寺評事

吴轂除越州山陰縣尉歷官至太守

吴桓除建陽縣丞陞湖廣長興縣知縣

吴翊除衢州江山縣尉官至池州府通判

吴庸賜名伯舉累遷中書舍人知制誥龍圖閣待制學士贈少師内外踐歷有聲家積詩書教子孫登名仕版者代不乏人

劉知新釋褐狀元知錦州

陳嘉猷任禮科給事中仕至尚書

吴彦申任秀州司理參軍

胡紘警悟好學家貧無置書資有敗者求售留一宿讀遍還之後由太學生登進士第宰邑有聲遷監察御史剖决當情累遷吏部侍郎出爲廣東經畧使官至尚書致政

吴淇爲户部侍郎時相欲以淇爲監察御史淇謂臺諫不宜出宰相薦即謁告出知南劍州

吴人可任贛州司户官至湖州總幹

吴已之除洪州進賢縣尉後爲杭州太守

吴椅除嚴州遂安縣簿歷官知韶州兼提點宫觀

吴松龍任松溪縣尉
國朝
林存中由孝廉任廣東南雄府通判
葉仲真由孝廉任辰州府黔陽縣主簿
葉浔興由老人任工科給事中
葉仁卿由孝廉任福建福清縣知縣
陳禮宗由人材任廣東寧遠縣主簿
童德琰由人材任廣東博羅縣縣丞
童義方由人材任山東按察司檢校
潘錦由人材歷飛雄兖州寧國涿鹿四衛經歷

吴河任四川順慶府照磨
吴仕安任廣西全州判官
崔中任饒州府浮梁縣縣丞
吴佳任直隷太平府檢校
吴琄由監生行山東監察御史事
吴佐任南安府大庾縣知縣
姚珙由舉人任河南衛輝府通判
楊溢由監生任潯州府桂平縣縣丞
周滐由監生任淮安府海州判官
吴杰由監生任刑部河南清吏司主事

吴禮由監生任江西撫州府通判
吴愈由監生任湖廣寶慶府推官
吴忠定任四川什邡縣主簿
趙極由舉人任四川雅州學正
吴陳由監生任湖廣沅陵縣知縣
吴源由舉人任直隸淮安府經歷
姚永誠任直隸蘇州衛經歷
吴秉初由監生任山東商河縣知縣
姚克平由監生任山西行都司經歷
姚茂誠由監生任直隸建平縣學訓導

季存欽由監生任山東范縣學訓導
吳長壽由監生任直隸池州府通判
吳予溪由監生任順天府香河縣知縣
吳子興由監生任河南南陽府推官
謝志清由監生任山東臨朐縣知縣
朱寧由監生任汀州府學訓導
鮑琦由監生任湖廣零陵縣縣丞
吳汝禎由監生任
寧府典儀所典儀
姚道澄由監生任四川叙州府通判

姚公器任直隸池州府檢校
吴輔由監生任山東費縣學訓導
吴譽由舉人任福建建寧縣學訓導
○武功
葉國英至正間爲義兵萬户子葉德善相繼克復温州及收青田山寇夏清四後授處州衛千户
姚彦安元末爲義兵千户歲己亥處州守鎮賀元帥占據城池彦安領鄉兵同大兵攻破之以功陞處州守禦萬户洪武元年起集山寨頭目授平陽左衛副千户洪武五年征進沙漠陣亡

○隱逸 無

○貞節 無

○仙釋

馬氏女世傳五季時姊妹二人居百丈山學道脩真後俱白日飛昇至今巖上有剪尺鏡臺遺跡

紀載 詩文雜著

經始記　　富嘉謀

處統縣有六龍泉距處爲遠而鄉之松源距龍泉爲綦遠地居浙東之極中高而旁下流水四注而端急其巉巖之峯嵱岈之石屹立於甌南閩越之

交嶺複而益峻道隘而益險有戶萬計願爲邑者蓋有年矣其居幽遠足跡未嘗至縣有不得其所者令有所不聞故豪民之武斷賦役之不均訴訟之不平其能自辨於令之庭乎慶元丁巳民以狀白府請以松源一鄉益以延慶之半聽置爲邑聞于部刺史達于朝時冬官貳卿胡公紘松源人也爲丞相京祁公所推重首言建邑便祁公深然之故遠民之情亟達于上惟剏邑大事也其在唐制開元增縣三百有奇悉從民便自高宗龍飛渡江以來所罕見天子加惠斯土冬十一月詔可而後

劉以邑錫名慶元宜得才智士經始之乃不以嘉
謀無似俾之首膺其選丞相大書縣額以鎮茲土
始鑄縣印俾嘉謀躬佩而往越明年戊午三月既
望矣是領畧山水宜為治所者獨薰洋夷曠而殊
勝剏地宅廠中鎮以龍山印以龜潭遂永地於茲
西北距州四百里達杭州一千里邑之封疆狹廣
東西之經二百三十里南北之緯一百二十有五
里東距建之政和西距建之松溪南又距建之政
和北距州之龍泉福之長溪在其東南建之政和
在其西南州之青田在其東北建之浦城在其西

北乃以松源延慶釐爲三鄉分爲十有二都松源
則因其舊慶元榮慶今以名擢三鄉之主事丞亦
規制度地給基增卑爲高建縣治爲屋八十間若
手諸須春若庚犴圖不咸具丞廨在其東尉廨在
其西縣學在其北邑之内植坊一十七所乾之維
則有社稷以春祈秋報坤之維則有教場以閱武
治兵乃廟司城於東乃橋廣渡於西乃開山通道
於福而行旅者得由坦道乃闢地鑿崖於安溪而
入邑者樂出衷塗皆山經地志之所未有凡邑之
工程始於慶元戊午夏六月甲辰至己未春三月

戊寅乃告成時松源之官賦積逋若干萬有奇嘉謀請于郡守趙公廱予其半益之故其成益速民亦樂輸而爭先嘉謀非智創之才使身大明蕭寺凡十有二月而徙令沿方析邑命下咸謂締創之事古人所難令儲材不素雖用民力懼歷稔而無成時有木數千株在深山窮谷既巨且良天久不雨一夕暴流漲溢皆蔽溪順流而下亦異矣而又田穀屢豐田里熙熙豈謗寺所能集天寔爲之邑成之秋九月二十六日以薦格上蒙恩就陞京秩而因任于今四年戊下不遠士民填溢公門乞辭

諸碑以誌其顛末乃摭實而書之嘉泰元年十月
既望記

重脩慶元儒學記　　鄭思陳

國朝法古圖治建學為先以故天下郡國至於州縣
莫不有學誠以學校為陶鎔人心之地而賢才之
所由出也稽之慶元廼隸浙東為栝蒼叢爾之邑
建學之地在宋寧宗慶元三年知縣事者富嘉謀
剏于縣西之澮田上村元季繹騷厄於兵燹尋得
縣尹馮義舊址復興實至元二十七年也
國初以來寖於裁革迨十四年辛酉開設縣治縣令

董大木卜於就日門之東距數百步許以相其基
焉地勢夷曠開豁石梯拱揖於前松潭襟帶於後
厥位面陽厥土而剛雖其制未甚宏廓亦足爲講
學行禮之所然而歷歲愈久不能無傾圮之虞宣
德丙午冬知縣羅仕勉教諭宋觀進繡衣王公郁
以狀爰始規圖命匠起造戟門闕兩廡欞星暨于
坊門一皆鼎建殆不偶得越五年庚戌夏余來典
茲邑教徘徊顧望慨前人之所作竊有志於是以
爲功之既就者固可已功之當興者容可緩乎若
文廟若講堂諸生齋舍庖宰廚湢棟楹榱節楶已

凋朽剥落果置之恝然則隘而且陋何以光樽俎而振文教乎一日謀諸大尹程公義和等果以克合遂白繡衣三山張公昶即許所請然計其土木資費大甚猶懼不能後乎爲作僉以老人鮑得淵募緣就董其事用是伐木于山運甓于陶地之卑者則輿土以實之基之狹者則闢地以廣之工善匠勤夙夜匪懈明年冬厥功告成奉祀有廟講學有堂廟在學南壯麗咸稱諸生齋舍會饌之所靡不具備黝堊丹漆煥然一新是又一時之盛也繡衣張公喜其功克就緒以事蹟之記并所未有徵

余志之俾後人有所稽余承命而述之未鋟諸梓乃正統丙辰秋邑侯鄭公昱判簿王公嵒以聖賢塑像已久重加藻繪回廊繚垣增以粉飾至於龕設以幔廚建以室則又府判黃公聰照磨管公玉之力也由是予益喜其功之克全而疇曩之志以遂乃為之記曰學校之興廢関乎文運之盛衰古今

大明麗天儒風大振端人正士涵養於斯絃誦於斯叢山而儆用者於斯教化由是而基風俗由是而美國家政務未有舍是而先者文運之盛此其時也

嗚呼功之大者成之必難鑒之前古以至于今作者非一人述者非一手今日之所爲乃繼前人之所爲其所以繼今日而爲者又有望於後人耶作之述之繩繩相繼庶不負
聖朝崇祀之典興學育材之意當必有名公鉅卿秉筆焉余鄙辭何足以記其興造之顛末云時正統三年歲在戊午春三月初吉記

新建詠歸橋記　鄭建

慶元山水之秀也萬山拨源一水環注界乎縣治西北學宮之南而凡遊宦之車馬市民之携挈行

旅之檐荷皆越是溪惟筏竹代渡而已至於春夏
漲浮奔流跳浪爭趨疾渡者而有蹶踏傾覆之患
秋涸冬冱未免跣踝揭厲之憂黌宮師儒往來昕
夕其慮尤切天順庚辰
欽差中貴臣羅公嘗謁學宮孚崇聖化視其溪阻謂於
衆曰水有橋梁民不患於徒涉亦王政之一端況
學宮間隔而勞師儒之跋涉豈可安其所安而視
其所未安者乎遂捐資掄材鳩工伐土邑之士民
懽趨樂助經始於是年八月落成於十二月也長
跨若干步橫駕四十一間高結簷牙以蔽風雨所

用繒帛動以千計倚勢吞波鯨飛虹卧是以車馬之行携挈之便擔荷之安而無蹴踏傾覆跣蹀揭厲之虞者皆公之所與也師儒慨渡之音令而来游来歌易為風乎舞雩之詠惠及於學宫龍學因題其橋曰詠歸慶元知縣張宣等来請曰昔汴州作東西水門而昌黎有記柳州作東亭而宗元有文今按郎斯土爾清王度橋梁既成頌公之德非文又何以傳於後乎予塞其請而記之曰人流聲於天地間以其迹有可考也考其迹而知其德百世之上而流聲於百世之下百世之下慨乎百世

之上其聲且不泯況當世乎公之德及於當世而流聲於百世百世之下迹之不泯聲之所不泯也聲流於百世之下因其迹而推其德於百世之上者則又知公之所始焉是爲記天順四年冬十二月庚子日記

○題詠

錦山呈祥歌　　　徐道源

八月二十有五夕薰山頂上何奇特煙收空闊露作寒瑞氣望中呈五色初如飲澗一長虹忽變彩橋三道直北山之北巾子峯橋蹻兩山幾千尺仙

靈秡爲固不疑亦是鄉閭好消息秋風早晩狀元
歸先是祥光動塵陌後来接武當有人寄語吾儕
勤着力

處州府誌十五巻終

# 【崇禎】慶元縣志

## 【崇禎】慶元縣志　八卷

［明］沈維龍　纂修　［明］汪獻忠　增補　［明］楊芝瑞　再增　明刻本

沈維龍，字震卿，號宗西，晋江人。嘉靖三十七年（一五五八）鄉薦。清人李清馥《閩中理學淵源考》一書載有何鏡山先生爲其所撰傳，可知維龍少孤，事母獨至，又上奉其祖母，事叔友弟，敦族睦宗尤謹。始仕廣東之韶關翁源縣，革除奸蠹，雅重儒術，置學田贍士。歷蕪湖縣，去供應，節省民力，興學教士。萬曆二年（一五七四），任慶元縣知縣。居五年，遷惠州通判。旋拂衣歸養，杜門讀書。《【光緒】處州府志》載其为南安人，廉明剛毅，剔奸厘弊。修邑乘，置學田，苞苴盡絶，絫藏肅清，縣令汪獻忠詳允，入祀名宦。

汪獻忠，号靖吾，安徽歙縣舉人，具體生卒年不詳。萬曆四十五年（一六一七）至四十七年任慶元縣知縣。《浙江通志》載其曾『知泰順，愛養士民。有煢民爲豪强所陷，白郡守雪其冤；力復庠士，優免於全書。既刻之後，人皆難之』。

楊芝瑞，字仲房，安徽當塗人，舉人。具體生卒年不詳。《【康熙】當塗縣志》載其『幼讀父書，有大志。明天啓元年（一六二一），以五策切時事爲主司，擊節登賢書。丙子，寇陷和陽，芝與郡大夫商榷城守，損資五百金，且獨當一面，郡賴以安。巡按劉令譽薦之於朝，南中孝廉湃巡方特荐者，惟芝瑞一人，前此未有也』。崇禎十三年（一六四〇）至十四年知慶元縣。《【康熙】慶元縣志》載其『廉明勤敏，令行如風雷，凡有益於民社者無不盡心，尤以作新士類爲首政。修城池，築六隘，建咏歸橋，補天閣，修堰灌田，百廢俱興。禦盜有功，民獲生全，尋升武定知州，未行，卒於官』。邑人悲憫感懷，遂改咏歸橋爲楊公橋，以志不諼也。入祀名宦祠。

是志爲殘本，前四卷及卷之五前部分缺，所以書中未見纂修者、卷帙和纂修時間，亦無序言、目録。從所剩内容看，記事起于宋天聖年間，下訖明崇禎年間。主要記載慶元官職。卷之六爲人物，從宋代進士開始，包括舉人、歲貢、恩蔭、武職、鄉賢、隱逸、貞節、義民、善人和僑寓等；卷之七爲志餘，包括古迹、丘墓、寺、宮、觀、庵、堂、祠、廟、釋老、方技、紀變、藝文，卷七後附有《續補志》，内容爲對前卷的補充；卷之八，首尾皆缺，所存内容有博學、人物、太學、敕命、貞節、善義、鄉飲、學田記、碑記、祠記、大賓、藝文、名宦、宫、庵、祠等的記載，從分類上看比較混亂，應該是對第五卷内容的補充。因而，編纂《【康熙】慶元縣志》的吴運光評價其『雖標列成帙，類皆猥冗而失綸，忭訛而弗實，適博古唇耳』。雖然如此，然而《志餘》篇爲清代志書所没有，《官師》有部分資料爲清代志書所未録，因而很有參考價值。殘存内容共二百八十頁，約五萬六千字。

慶元自南宋慶元三年（一一九七）建縣，是志之前有五部縣志，均佚，依次爲：一是宋《括蒼慶元志》一卷，邵笥撰。此乃慶元縣志，冠以括蒼者，以别於明州之慶元也，早佚，舊志未載，見《宋史·藝文志》著録。清《【雍正】浙江通志》卷二五三誤將此志列入《處州府志》類中，故未有人知。二是元《松源志》，纂修者、卷帙和纂修時間，舊志均未記載，慶元《化成寺碑》提及該志。三是明正統前《慶元縣志》，卷帙及纂修者未詳，舊志缺載，約修於明正統前。四是明萬曆丁丑《慶元縣志》，八卷，邑令沈維龍修。五是明萬曆戊午《慶元縣志》，八卷，邑令汪獻忠在沈維龍縣志基礎上增補而成。是志在汪獻忠縣志基礎上，由邑令楊芝瑞於崇禎十五年（一六四二）再次增補而成。

是志成書并刊刻於崇禎十五年（一六四二）。上海圖書館收藏有清刻本，今據姚德澤先生收録電子版影印出版。半頁十行，行二十字，黑口，四周單邊，單黑魚尾版框。版心載書名、卷次和頁碼。殘缺嚴重。（李巖）

慶元縣志卷之五

羅見麟 廣東番禺縣人由舉人嘉靖三十一年任

陳文靜 福建莆田縣人由舉人嘉靖三十三年任

馬汝徯 直隸上元縣人由舉人嘉靖三十九年任入名宦

張應亮 直隸高淳縣人由貢人嘉靖四十二年任

彭适 直隸溧陽縣人由監生隆慶元年任

朱希 四川黔江縣人由監生隆慶二年任入名宦

勞銘燮 直隸懷寧縣人由監生萬曆元年任入名宦

沈維龍 福建南安縣人由舉人萬曆三年任

縣丞

魏明德 籍無考洪武十四年任

傅俊　直隸貴池縣人

羅襄　江西吉水縣人

韓繡　四川江津縣人

吳華　廣西灌陽縣人

阮廷貴　四川朱州人

周顯　山西高平縣人

傅恭　籍無考

方希勝　籍失考

王延相　直隸吳縣人由吏員入名宦

蘇相　廣東南海縣人

周憲 江西餘干縣人

郭珊 直隸建平縣人

鄭絡銓 福建上杭縣人

劉正 雲南嵩明州人

徐辯 直隸淮衛人

嚴容 直隸丹徒縣人嘉靖二十四年任

何子真 直隸華亭人由吏員嘉靖二十八年任

陳楷 直隸揚州人由監生嘉靖三十二年任

陳敷 江西弋陽人由監生嘉靖三十六年任

馬聘 山東人嘉靖二十六年任

黄德與 福建晋江縣人由吏員 嘉靖四十年任

范學顔 直隸靖江縣人由監生 嘉靖四十三年任

程默 直隸宿松縣人由 監生隆慶元年任

元主簿

張廷瑞 籍無考至 正二年任

張榮 籍無考把馬橋 記有主簿張榮

皇明主簿

劉茂 籍無考洪武甲 寅年任以名宦

陳鐸

林顯 福建福 清縣人

王函

漆蘭

胡璽 直隸歙縣人嘉靖七年裁革

皇明典史

季彥魯

胡暹 籍無考景泰三年任

陳喬壽 福建莆田縣人

汪鰲 直隸舒城縣人

王懷 直隸當塗縣人

許韶 江西宜黃縣人

郭仙一 福建仙遊縣人

蕭印 廣東番禺縣人

詹溪 江西弋陽縣人

林嶶 直隸貴池縣人

佘鳳 直隸潁州人

林叙 福建莆田縣人

陳蘭秀 江西南昌縣人

熊泰 江西南昌縣人

曾朝倈 江西豐城縣人

楊世隆 直隸當塗縣人

元博士

陳起宗 麗水人



王模 福建懷安縣人

陳子實 直隸石埭縣人

皇明教諭

夏禮 籍無考

張遠 籍無考

宋觀 籍無考

鄭師陳 福建莆田縣人

謝文禮 福建將樂縣人

汪澄 福建懷安縣人

陳紫薇 廣東

邢璥 直隸當塗縣人

孫繼祖 山東聊城縣人

錙倫 福建晉江縣人由歲貢

吳瑞 江西鄱陽縣人由舉人

朱陳 直隸上元縣人由歲貢

方朴 江西鉛山縣人由舉人

謝應奎 江西湖口縣人由歲貢

王國相 福建晉江縣人由舉人

薛廷龍 福建惠安縣人由舉人

顧貴高 直隸上海縣人

潘和　麗水人



毛存奎　湖廣松滋縣人

曾守唯　福建清流縣人

皇明訓導

楊弼　直隸高郵州人

吳經　廣東順德縣人

王參　江西福安縣人

李文魁　福建古田縣人入名宦

王奎

沈濟

林梓　廣東海豐縣人

李之魁 見傳

黃廉 福建南安縣人

吳驥 福建南平縣人

朱鎮 江西宜春縣人

李彪 江西余干縣人

楊賢 江西南城縣人

劉廣珠 廣東潮陽縣人

唐邦用 福建侯官縣人

李輅 山東兖州府人

范繼隆 福建大田縣人

林一桂 福建閩縣人

尤琢 直隸無錫縣人

陳雲騰 福建大田縣人

吴從周 福建邵武縣人

劉安 湖廣荆州府人

方一梧 福建莆田縣人

余世貫 福建連江縣人

車鋳 福建將樂縣人

周令 江西萬載縣人

龐熙 廣西博白縣人

陰陽訓術

董晟　永樂元年以陰陽舉保除本縣陰陽學訓術

劉池　永樂十五年以陰陽舉辟除本縣陰陽學訓術

姚璀　嘉靖二十四年納授

葉孔聰　隆慶六年納授

醫學訓科

季仲齡　洪武十四年以醫士舉辟除本縣醫學訓科

季叔起　洪武二十八年以醫士舉辟除本縣醫學訓科

## 官秩

### 縣

知縣一員

縣丞一員　隆慶元年裁革

主簿一員　嘉靖七年裁革

典史一員

儒學

教諭一員

訓導二員　隆慶元年裁革一員

巡檢司

巡檢一員

陰陽學

訓術一員

醫學

訓科一員

僧會司

僧會一員

道會司

道會一員

吏役

縣吏房　戶房　禮房

兵房　刑房　工房　各司吏一名典吏二名

舖長司吏一名　承發典吏一名

儒學司吏一名

## 名宦

### 宋知縣

富嘉謀　寧宗慶元三年以松源鄉立縣謀蒞任始闢街衢營公署立學校建壇壝不朞年而就民無勞擾教諭毛存奎申請從祀名宦

### 明知縣

曾壽　清忠愛民夏亢旱苗多枯槁民深病之壽始經理陂堰引水注田禱雨獲應民賴無饑後以草寇石抹中攻縣擄掠執壽使降抗節不屈引頸就刃遂遇害民哀之如喪祖考教諭毛存奎申請從祀名宦

葉大本　洪武十四年復立縣縣廢久公署學校多經燹毀本領印寓大明寺次第

術舉煥然一新前能公幹建政立法悉
孚民志撫民寬厚馭吏嚴明至今頌之
不已

羅仕勉

洪熙元年蒞任廉明果斷扶弱抑强
境內肅然民有私彩銀礦發覺錦衣
衛百戶田福搜縣拘捕大肆奸貪良民
不與者悉羅害焉勉不避奸回具實奏
聞逐竄其謀民得不死至
今思之

張宣

景泰四年蒞任持己謹厚處事明決在
任九年訟息民安解任歸民有去思

李惟真

初授浦江教諭正德七年陞知縣事
宅心仁恕愛民如子凡干以私者悉
斥之邑苴不行時亢旱齋戒徒行禱於
熏山之巔伏烈日中不起須臾大雨如
注人皆趨避公獨冒雨而
行是秋大豐稔民深德之

何鰲

正德三年蒞任慎行檢樹風節愛民禮
士民多詭稅良民苦於役鰲多方察之

始清其弊，慮民無壅閼，公地為義塚，俾死有所歸。先是賦役無定式，隨田多寡為戶，民病不均。鰲始平其田，以二頃為一里，彼此適均，民無偏累。鋤強扶弱，輕刑緩賦，革弊省費，有甘棠遺風。正德九年擢監察御史，累官至都察院副都御史。去任雖久，民思之如昔。

**陳彌正**

嘉靖十一年蒞任，廉潔自誓，公而且明，吏不忍欺，民無越訟。後以憂制去，民不忍離，脫靴懸樵樓以繫去思。

**陳元**

嘉靖十六年蒞任，厚重簡默，有古人風。時值開礦賦稞，坑穴深，泉湧出，民苦油粮之費，又以坑稅立定額，使民稱貸益之，民愈不堪。元坚請損其數以蘇民困，遂忤時去任。

**陳澤**

嘉靖二十四年蒞任，有才幹。值景寧山寇吳王姑等越慶寇松溪泉坑，率義士

是□□□統□□溪深入鄉賊往捕之斬首
百餘級饑□□□□流民□無城深慮無以守
故申請築□□□南寺山公署故址以衛城
費不三月而告
成尋擢南京
貴州道御史

馬汝傒

嘉靖三十九年涖任清慎廉明先是
贊造人多賂書筭飛灑詭戶紛如也
傒覺是弊即自誓悉親檢閱書筭毫忽
無與焉斷賂息弊籍正民深德之後入
覲遂致政歸
民常見思

朱芾

隆慶二年任厚重簡默恕而且慈雖盛
怒不形聲色且待士以誠選學校脩城
垣經理有序不濫科
以病民士民德之

勞銘鬆

萬曆元年涖任明决有為秉性儉約
待士誠禮交至民貧不能耕者助以
穀諭以勤成知力本焉建義塾築瀰澤
園墻垣不朞年始具畢張以疾卒於官

士民哀悼者盈道庠生吳宗頎爲之詩見于記

## 皇明縣丞

魏明德　洪武十四年蒞任創始立法愛民如子時青田縣桑丁香吳達三等作耗奉命迎安撫兵剿捕之侯以邑之二都與賊連境欲戮其衆明德直抵軍營泣涕白侯曰吾邑民乃從化無從盜叛逆者公戮之是汙良民也請以身代侯重之其事遂寢民得全生至今咸蒙其德

王延相　蘇州吳縣人清介自持臨事不苟晉徒不得售其奸竟以病卒於任官蕭然止餘柴薪銀四兩清操聞於時

## 皇明主簿

劉茂　洪武甲辰年蒞任時山寇夏清四等連肆侵掠不時抵縣民不帖蕭茂擇撫戕

集鄉兵與賊鬭等設法攻禦竟破賊寨克復縣治任滿陞鄭州河陰縣知縣

皇明教諭

鄭師陳　福建莆田縣人正統初蒞任明敏嚴考課講明經義士風丕變諸生懷之弗忘

王國秩　嘉靖四十一年蒞任博學能文手成易經講意以訓諸生考較嚴勤始終不懈士氣頗變焉尋擢廣東陽山縣知縣

皇明訓導

李文魁　正德三年任秉性端嚴持身不苟立科條勤教誨終始如一咸有古人風且諸生遇歲考貧不能往者出帑資濟之尤不屑屑於交際間與知縣何鰲同官皆有縣學廉清之譽

吴從周

嘉靖三十九年蒞任性剛直博學善
詩立清白洞入四十一年視邑篆所
寺益齋[illegible]劉大眼等突臨城
下[illegible]以死守之有詩以示
其民[illegible]奇周乃與把總桂汝
[illegible]用徹鄉兵逐賊去周
[illegible]縣治[illegible]在山之下惧敵登山
[illegible]民[illegible]請營積散築新城
[illegible]文曉以之鼓先出俸資築二文六
[illegible]民[illegible]月而工畢尋陞
[illegible]十[illegible]二日而王正寢閩
者[illegible]
論日子[illegible]二百[illegible]載任政教者亦知其
數而[illegible]者不多見豈政之難耶抑[illegible]
皆人之[illegible]其政教哉噫是不然慶[illegible]
亡而經[illegible]矣各公事業載在文籍者[illegible]
為[illegible]今之紀錄者非關之故[illegible]
特[illegible]情[illegible]隱矣以紀其什一耶噫亦[illegible]
[illegible]彰考

## 武將

### 葉國英

至正間為義兵萬戶其子德善相繼充服青田山寇夏青四等至正壬辰除授處州路正千戶而卒

### 姚彥安

元末時為義兵千戶至正己亥子姚桂始授前職至正壬寅年處州守鎮賀元帥佔據城池彥安帶領鄉兵同大兵攻破之陞授處州管守禦萬戶洪武元年起集山寨頭目除授平陽衛副千戶洪武五年往征沙漠陣亡

慶元縣志卷之五終

# 慶元縣志卷之六

## 人物

賢才之生不限於地，志士之行不囿於俗，亘古為然，豈以十室之邑一無人材之足錄乎？慶自漢唐而上名一邑者非無其人，然世遠名湮無所考矣。大宋以來人材輩出世不乏人，其立朝有聲者則有名臣，入官克任者則有良吏，或以明經舉，或以孝廉徵，或以人材選，或以武功著，何莫而非有用之材耶？至於懷材守節克忠克孝之士雖不多見，亦豈無一二之可志乎？故即其傳聞者第志之以

鳴一邑之盛使百世而下聞者知所激勵云乃志

## 人物

### 宋進士

天聖甲子科吳穀　仕至大理寺評事

景祐甲戌科吳轂　仕至濠州知府

熙寧庚戌科吳桓　仕至湖州府長興宰

癸丑科吳翊　仕至池州府通判

丙辰科吳庸　仕至侍制學士贈少師

（元符）大觀庚辰科劉知新　仕至錦州知州狀元及第

李登榜

政和壬辰科吳彥申　仕至秀州司理參軍

甲戌
張孝祥榜
嘉泰壬戌
吳懿德
照

吳逵 仕至東平州知州
吳兢 仕至處州府通判
吳樞 仕至嘉興縣知縣
隆興甲午科胡紘 仕至吏部尚書
癸未
紹興甲子科陳嘉猷 由神童科仕至禮部尚書
嘉定庚辰科吳人可 仕至湖州府總幹
甲戌科吳淇 仕至南劍州知州
寶慶丙戌科吳巳之 仕至杭州府知府
嘉寧戊戌科吳椅 仕至韶州知州兼提刑宮觀儲督
寶祐丙辰科吳松龍 任松溪縣尉

府志叅五人

皇明舉人

永樂乙酉科姚珙　仕至河南衛輝府通判

辛卯科吳仲信　仕至福建泉州府通判

甲午科葉祥

庚子科趙樞　任四川雅州學正

吳仲賢　任零陵高溪市巡檢

癸卯科吳源　任直隸淮安府經歷

正統辛酉科鄭熊

成化辛卯科吳譽　任建寧縣儒學訓導

弘治乙卯科吳潭　仕至江西吉安府通判

皇明歲貢

吳道保

吳熊

崔中　任江西饒州府浮梁縣縣丞

吳瑁　行山東監察御史事

吳佐　任江西南安府大庾縣知縣

楊溢　任廣西潯州桂平縣縣丞

潘鈞

周深　任直隸淮安府海州判官

吳杰　任刑部主事

楊銈

吴禮　任江西撫州府通判

吴坦　府作垣

吴愈　任湖廣寶慶府推官

吴陳　任湖廣辰州府沅陵縣知縣

姚永誠　任直隸蘇州府衛經歷

姚永黯

姚永增

吴秉初　任山東濟南府商河縣知縣

葉洪

姚克平　任山西行都司經歷

姚茂誠　任直隸廣德州建平縣訓導

姚來勳

李存欽　任山東東昌府范縣訓導

吳長壽　任直隸池州府通判

吳子深　任順天府香河縣知縣

吳子興　任河南南陽府推官

周文迪

謝智府　任山東青州府臨朐縣知縣

葉慧清

楊志高

朱寧　任福建汀州府儒學訓導

賴景行　遥授經歷

劉存壽

鮑琦　任湖廣永州府零陵縣知縣

林敏

林澧　曲阜教諭

葉盛　遥授經歷

楊誠　任主簿

姚道澄　任四川叙州府通判

姚公器　任直隸池州府檢校

吳興

葉道隆

夏大進

吳輔 任山東兗州府費縣縣學訓導

葉興

季朗 任江西饒州府鄱陽縣縣丞

吳汝禎 任肇府典儀所典儀

夏道伃

陳洪

楊善 任吏目後陞主簿

吳潭　中弘治乙卯科應天鄉試有傳

府志成化

吳盛

葉惟智　任廣東德慶州吏目

周鳳岐

吳洪　任廣西撫州府經歷

陳茂　任江西南安府儒學訓導陞廣東高明縣儒學教諭

吳文　任直隸松江府上海縣縣丞有傳

吳紀

吳若　任福建延平府檢校

陳道惠

葉泰 任福建福州府閩縣主簿

吳鎬

葉儒

吳賛 任福建汀州府連城縣知縣有傳

劉育

周鐸 任湖廣鄖陽府鄖西縣知縣

吳節 任江西南昌府新建縣丞月餘即致政有傳

吳珣 任福建興化府莆田縣縣丞

吳晏 任山東東平州訓導

周鎮 任河南布政司經歷

吳信

葉灋　麗水人

李茂　任福建延平府沙縣縣丞

吳烈　任貴州新添衛經歷

吳壽　任福建建寧府浦城縣儒學訓導

周瑛　任江西建昌府南城縣儒學訓導

葉文彬　任直隸鳳陽府泗州盱眙縣主簿

周塤　任江西撫州府宜黃縣儒學教諭改任福建漳州府漳平縣儒學教諭

吳徑　任直隸鳳陽府宿州同知　有傳

吳宇　任福建泉州府同安縣縣丞

吳伯齡 任福建汀州府通判有傳

陳裕 任湖廣黃州府黃梅縣儒學訓導

金廷選

葉濂

吳轀 任江西南昌府進賢縣丞陞廣西脩仁縣知縣

葉寵 任江西按察司經歷

夏懋 任南京留守衛經歷陞廣西梧州府北流縣知縣

吳大豪 任江西南康府建昌縣知縣

吳安 任直隸常州府武進縣縣丞

吳繼翔 任江西南康府建昌縣主簿

葉春 任廣東高州府通判

吳衍如　任廣東瓊州府儋州昌化縣知縣

周杲　任江西撫州府東鄉縣儒學教諭

葉文淳　任直隸徐州吏目陞崇府典膳

葉相　任江西袁州府分宜縣儒學訓導

周輅　任河南鈞州同知

周相

陳祚　任江西南昌府儒學訓導陞本省湖廣府武康縣教諭陞台州府儒學教授

姚文銓

吳玭

周期科

## 恩選

吴述　無錫丞

吴盛　山東寧陽丞

葉孔舒

吴淵

吴文瀚　汀州經歷

皇明
貤封

周大澄　封河南布政司經歷

夏遠　封南京留守衛經歷

皇明

## 恩蔭

姚桂 襲父姚彥安蔭授山西平陽衛副千户

葉員貞 洪武二十五年襲父葉得新恩蔭授萬户

## 武職

### 元

葉國英 義兵萬户

姚桂 處州管守禦千户

葉德善 處州衛千户

姚坤 平陽衛中所千户

葉德新 義兵萬户洪武七年病故

姚彦安 義兵千户

姚垠 陽和衛副千户

吴求 由義勇任本府本衛鎮撫

納粟指揮

吴繼恩

吴公轍

例貢

皇明

吴克義

周奎 任陸凉州同知

葉秀

吴怡　任直隷無爲州吏目

周堂

吴叔原

吴儒　鴻臚寺序班

吴穆

吴承宣

葉方嘉

葉銘

吴倖

孝廉

皇明

林存中　任廣東南雄府通判

葉仲真　任湖廣辰州黔陽縣主簿

葉仁卿　任福建福州府福清縣知縣

人材

元

吴崇　任福建建寧府浦城縣尉

皇明

吴達　任直隸廣德州稅課司大使

吳子榮　任福建建寧府稅課司大使

吳鈇　任福建延平府稅課司大使

吳子章　任直隸揚州府軍儲倉大使

楊彥舉　任福建延平府[illegible]大使

陳禮宗　任[illegible]

吳德琰　任廣東[illegible]縣縣丞

董[illegible]方　任山東按察司檢校

潘[illegible]憲　任[illegible]州[illegible]　任涿鹿四衛經歷

吳[illegible]　任四川順慶府照磨

吳[illegible]　任雲南烏撒軍民府照磨

吳仕安 任江西全州判官

吳元輔 任湖廣襄陽府谷[redacted]縣典史

吳原益 任山東東平州倉大使

吳佳 任直隸太平府檢校

姚仲剛 任主簿

吳子昇 任本縣陰陽

葉得興 由老人任工科給事中

吳鸞 任廣東梅嶺巡檢

皇明

## 掾考

吳邦度　永樂九年任湖廣岳州府華容縣古樓巡檢司巡檢

吳叔定　永樂十三年任四川成都府漢州什邡縣主簿

吳毅　任河南衛武縣典史

練閑　永樂十三年任福建仙遊縣典史

吳堂　嘉靖三十七年任湖廣藍山縣倉大使

周德澤　嘉靖三十九年任直隸壽州北盧橋巡檢

姚佩　任直隸淮安府鹽場大使

吳舟和　任直隸鎮江衛知事

吳廷棋　萬曆四年任福建福寧州大篔當巡檢

吳文潤

葉世倬 [illegible]

## 鄉賢 [illegible]

### 宋

吳庸 登熙寧丙辰進士賜名伯舉字邦獻初任江浙行司理累遷中書舍人知制誥龍圖閣待制學士贈少師内外歷有聲家積詩書教子孫登名仕版者代不乏人

劉知新 字元毗少警敏淹貫經史生有奇瑞長遊太學中釋褐狀元知綿州政尚慈祥人皆愛之

陳嘉猷 字猷可生三日即能言其母缺炊猷指叔處假之父以告叔叔以爲誑遂往視果語曰今日設我來匙日以祿求償之適姑在側歸語夫夫未信家貧以

徃竟不與言出頂冠鬅衣以進始與語衆大哥之為兒戲設几置小凳其上坐之叔方外至獻廸面下叔止之曰三跳跳落地獻遂應聲曰一飛飛上天年甫數歲日誦千言即登神童科貞白自守有經濟才累官至吏部尚書

吳兢

字寅仲以進士宰會昌縣建炎丁未潰兵楊勍自浙東寇入會昌境邑民駭散兢挺身直抵賊營諭以忠義勍知兢為慶元人以所掠何氏女子遺兢兢送還賊有賊發二尉寇掠平民兢入徃招撫悉平宣諭使劉大中奏兢忠勇擢處州通判教諭毛存奄中祀鄉賢

吳樞

字時發登政和進士性忠勇素以節槩自許靖康初募有能使金國者樞毅然請徃行至北唯長揖正色叢詞金人怒燒鼎欲烹樞愈不屈金人壯之遣還適山寇葉濃叛被檄招降□知嘉興縣教諭毛存奄中[illegible]

胡紘 山監生登教官科以警悟家貧好學無置書資有販者求售留一宿讀遍還之即成誦宰邑有聲選監察御史民有訟者片言剖決當情民咸服稱前所未有累遷吏部侍郎出為廣東經畧使至尚書致政

吴淇 以進士為户部侍郎時相欲以淇為監察御史淇以臺諫不宜出宰相薦即論告出知南劍州

皇明

吴潭 字源潔家貧力學有懿行中式北闈初授常德府推改治有聲後擢吉安府判居庠時選學出廩資以助給迨後一乩一木壞者悉自命工修葺時有鄉人挾白金三兩至縣輸粮過詠歸橋堤壞墮水中淵深不可覓鄉人即欸扯河自溺潭遇力阻之遂携歸揭債以償潭嘗心疾每發痛不可支形甚癯忽一日至鄉途

遇一叟授以二九潭受之項不知叟所之潭始知為神授歸服之果愈人皆謂忠厚之報云

吴文

字秋道居痒時清儋自守義不苟取授徒講學多就者除上海丞濫官五載節用愛人頗有聲焉致政歸里有不能膳不能娶者出俸助之年七十有三以壽終

吴節

字大亨行誼足以敦士風恬澹足以鎮雅俗拜新建丞月餘即致政人服其高

吴賛

字良弼朴簡端嚴事父母以孝聞處兄弟以弟稱且清儉自矢歷官三載一錢不取清若澹如也謝政歸築室石龍山下往往謝客烟波亦小觀其願

吴伯齡

字子仁性敏好學手不什卷舉動必以禮總角時人即以道學名甫長蜚聲黌序威儀文詞為邑矜式正德癸酉母族葉姓失火有婦懸一金簪齡拾之次早求所墜者非匡亟持還其婦家願酬一半齡固卻之謁選京師值鄉人本

識姓名者病幾死無爲歸訃鄰聞倒囊濟之不究其名續除汀州府判謝政歸里人始通其姓氏乃得如特金以償竟不取焉

## 隱逸

**葉瑗** 字仲美縣西隅人少穎悟勤苦力學博綜經史年十三即補庠弟子員甫弱冠廩食于泮正統辛酉試棘闈以制額限遂賦歸志終身不起日與從謝志清輩談道自樂年七十以壽終所作有燕峯吟稿行焉

## 孝子

**楊泮** 字肇卿九都竹口人幼喪父甫冠即補邑庠生事母竭力供甘旨愉顏順志始終不替母病焚香祝天請以身代仍割股療之由是不忍離母側告侍養終身母素性嗜茄母喪誓不食之母終時泮哀慟伏柩側數日不食幾殞其姊固強

乃就食居二親殯石皆躬負不假人力廬墓三載始歸母葉畏雷每遇風雨往殯哀哭

### 葉儼

字若思西隅人事親孝父心疾湯藥必躬進侍親側不少離親殁正德癸酉家遭火時尚堪與族衆約可數十焰悉葉之號取財物儼獨不顧腕二親櫬側哀號遇人泣告曰財物任取幸存二親櫬衆憫而共出之親櫬獲存

### 吳八相

字汝弼西隅人遺腹而生甫長克盡子道事母竭力母故哀毁若節躬詣司府陳其事當道遍下縣覈實縣正耶夢珂陳文靜核實以聞遂請于

勅詔表其門隆慶二年門遭火時年八十具告司府仍請復建焉

## 貞節

### 鮑氏

葉德善妻元至正間德善以伏義勲授處州衞千戶殁于官鮑氏時年一十九

娶子誓不再醮勤紡績以養舅姑始終
一致家業雖替志節愈堅洪武三十年
邑耆老姚仲安請
闕上其事下有司覈實縣正胡叔儀按其事以聞遂
詔旌表其門詳見五雲俞珂
貞節堂記

## 丘氏

吳慶妻夫亡甫年十八哀慟幾絕舅姑
以遺腹勸諭乃復甦後數年有豪右欲
奪其節謀娶之丘氏斷髮自誓豪計自
寢由是獨處閨門不發限外語事舅姑
孝無少怠壽八十終嘉靖二十四年縣
正陳澤因里老保舉中詳當道嘉其事
給文付子
吳湘赴
闕上其事奉
詔旌表其閭

## 吳氏

姚信妻信蚤亡吳氏時年十九無子家
貧勤女工自給矢無二志凡其嫁者計
百出終不能奪
壽九十九卒

余氏

葉弘妻弘病割股救之湯藥必躬進夫故年十九遺腹数月即守志貧苦自若終無二心壽八十五終萬曆丁巳坊里姚流等聞有司縣正陳文静立貞節扁於其門

吴氏

姚贇妻年二十夫喪貧苦自守始終無二志後以壽終隆慶丁卯縣尹彭廷立貞節扁于其門

義民

葉仲儀

西隅人正統庚申歲大荒上遣戸部員外郎劉豫偕同府縣官勸粟賑濟仲儀首輸粟一千五百石詣闕上之詔旌爲義民賜門光表仲儀搢謝賜宴大官殿成化丙辰歲又荒巡按監察御史王朝遠通判尹如沐復勸賑仲儀仍輸粮五百石詔賜冠帶授正七品散官榮其身也凡知縣余康遷建學宮仲儀首

弟仲王姪汝寬出白金二百兩以助

吳彥恭　大都芸洲人正統庚申歲大荒與葉仲儀同輸粟一千五百石賑濟蒙

勑諭立義門于宅

周公恭　二都周墩人成化戊戌歲荒上粟一千石賑濟有司以其事聞于

朝詔下旌表其門

吳克禮　西隅人朴素自持正德時上粟例授冠帶終之日捐金二百兩餘命男傳砌過縣街道平正往来無顛蹶之患縣正陳澤扁以尚義之家四字

## 善人

陳珉　西隅人醇厚儉朴家富不披文綺退讓自居終身不履公門縣正張應亮贈聯家住縣門不識令身居城郭亦耕田扁追善二字于其家

吳玹　字元輝西隅人持身謹慎接物謙恭且素性好賢見人子弟向學若每愛敬之雖不務仕進亦獵涉經史有儒者之風

## 僑寓

周顒　字仲臨山西澤州高平縣人永樂十八年由太學生授慶元丞歷任九載卒于官邑父老咸感泣曰顒為百世父母遂瘞於竹溪之源其子公綮因家焉

阮廷貴　湖川永州人正統間由監生授慶元丞歷任數載政多慈惠邑民感之遂家焉

慶元縣志卷之六終

# 慶元縣志卷之七

## 志餘

叙曰志謂之餘者何[illegible]恐紀載弗該而并志之也蓋一事一物[illegible]之隙[illegible]然合志則混不志則遺下是悉被附而節紀焉是故建置[illegible]矣古蹟其餘也坊表志矣墳墓其餘也釋老志[illegible]可類其餘志以人物方伎非其餘乎志以[illegible]災異非其[illegible]乎至於事變則為兵衛之[illegible]則為紀事之[illegible]志之皆可以昭徃鑒豫未然識[illegible]景賢闘[illegible]藝博聞者資也乃志志餘

古蹟

儒學故址 一在城東䝉日門外今墾為民田　一在城北四都濆田上村隆慶三年遷入城中舊址存

梓亭寨 在縣九都為榮慶撿司今廢址存

籍[illegible]亭 在縣治前舊為有亭扁以谿桂二字立[illegible]題進士名兩傍有池植荷花夾岸

[illegible][illegible]鄉元至元十五年大大[illegible][illegible]年縣尹于崇重建今廢

私[illegible]亭 在縣治南今廢

頒春亭 在縣治南今廢

鞠亭 在縣治內今廢

文昌祠基 在四都舊學址側梓桐山今廢址存

劉狀元宅　在五都衙興宅廢門前街址猶存

陳尚書宅　在九都舊有神童坊在竹口街今廢

胡侍郎宅　在四都坑西雙股嶺下今墾為民田

丘墓

陳尚書嘉猷墓　在九都伏石嶺下對溪名象山

劉狀元知新墓　在五都慈照寺前

吳大理卿崇煦墓　在下管大濟金釵山

胡侍郎紘墓　在四都東岳祠後黃堂岡

吳御史玥墓　在四都馱坑

吳主事杰墓　在下管大濟吳家莊後

吴通判伯齡墓　在五都金村鋪對溪名番墺象山

## 叢祠

## 寺

石龍寺　在西隅石龍山下因名焉唐乾符二年邑人吴馬劉捨址以建宋寶佑元年邑人吴濟建藏殿并造寶藏一輪

國朝天順元年有火者盜銅板投寺造鈔發覺其人自書求之弗得因而罪及遂奉

詔抄沒使者至夜夢神人指以火者尻處乃獲免改名神力寺嘉靖三十七年邑人吴安慶募衆鳩修今名塔院是寺也龜潭注其前龍山擁其後東跨長橋西昂巨藏實邑之勝地也知縣林以之教諭吴瑞等名有記並見

文苑

大明寺　在縣東五里象山下建自蕭梁唐乾符元年僧竹溪捐貲重建至元二十

五年火二十六年僧正善募衆重建

皇明嘉靖二十九年僧員貞重修三十七年大

廣福寺

在五都金村去縣一十五里唐乾符元年建元至正二十五年重建

皇明嘉靖十八年洪水漂沒行童玄保構小屋一堂於横硤竹山下

慈照寺

在五都魏溪去縣一十五里唐乾符二年僧覺正持衣鉢募緣以建因名慈照宋咸淳六年重建

皇明正德二年僧惠袍宏剏殿宇門新修造東有雲巖聳翠西有金龜融結南障薰屛北列中峯山川秀氣甲乎衆寺吳撤有記周一經程光前篤有詩並見文苑

慈相寺

在七都中村去縣五十里唐乾符二年建

皇明正統十年僧宗成重修境交三邑山幽而青谷虚而平峦崗囘環林麓掩映亦勝地也

淨心寺 在九都濟衕去縣四十里唐乾符三
年建
皇明天順五年行童方渠重脩隆慶五年火萬
曆元年行童安常募衆尚建
法會寺 在八都擲水去縣二十里唐太和二
年建宋天聖二年脩至元十五年火
二十三年重建
皇明嘉靖二十三年行童福昕重脩
安禪寺 在八都橋頭去縣二十里唐光啓元
年建宋至元十五年火大德元年重
建
皇明嘉靖四十三年行童福昕重脩
淨悟寺 在七都隆宮去縣五十里唐乾興元
年僧弘密始建大殿至元二十三年
重建
皇明弘治十二年僧瑞弘募衆構兩
廊軒屋萬曆元年
行童德詵重脩
普化寺 在二都蓋竹山去縣二十里宋天聖
二年建

皇明宣德九年内官滕員重建正統三年重脩嘉靖十二年僧德正復脩

莊嚴寺 在六都蔡段去縣一十里唐中和二年建宋建中靖國元年建莊嚴院扁司靜山禪林先治平元年里人蔡元賜造釋迦殿八觀三年僧子端建藏殿并造寶藏一輪皇明宣德九年建法堂景泰五年僧惠建鐘樓前臨大溪後倚峯巒竹密松深天然勝景也

壽福寺 在六都雲際去縣五十里宋乾德二年建元至元十五年火大德元年建今廢

真乘寺 在六都山根去縣二十五里宋淳化二年壇越夏熙建元延佑六年僧順素重脩皇明弘治十一年僧順輔鼎脩若芸洲左右梓里

大覺寺 在十都鶯峯山下去縣五十五里宋咸平七年僧定吉募緣創建

皇明天順二年僧戒銓重修弘治八年龍泉稚子張瑺年八歲書鷲峰禪林四字刻扁懸于正殿郭青螺額恒宇有詩見文苑

化成寺　在十一都下濟去縣六十五里宋泰平興國二年僧智嵩建檀越楊俊捨址

皇明天順五年行童方渠重修

天竺寺　在十二都柘渡去縣七十里宋咸平七年建

覺林寺　在十一都操湖山問去縣七十里宋泰平興國八年建

皇明成化二年行童廣愛重修

多福寺　在八都去縣五十里宋咸平十年建今廢

勝因寺　在十都宋咸平三年建

梵安寺　在十二都葛田去縣七十里宋咸平四年建

一廣教寺 在十二都去縣七十五里宋治平間建今廢

宮

崇星宮 在東隅上倉米景定元年建後廢改作麗陽行宮今廢

觀

黃山觀 在四都竹坑今廢

庵

雲泉庵 在上管樂溪

司理庵 在一都

慶雲庵 在三都

道者庵 在一都

復興菴　在二都

東陽菴　在二都

廻龍菴　在二都

伏虎菴　在三都伏虎山下兩龍脉形類伏虎因名面前兩溪合流顛山亭拱鬪秀麗堪觀焉

烏石菴　在三都烏石嶺

百花菴　在三都百花巖山多花卉故名有巖方數丈故老相傳舊有神仙往來時地藏早禱雨輒應

清隱菴　在四都[illegible]邊

龍溪菴　在四都

百丈庵 在六都百丈巖

青峯庵 在九都青峯山萬曆六年燬

般若庵 在十一都

董庵 在十一都

盤石庵 在十一都

堂

集善堂 在縣來龍山元德佑乙卯邑人姚濟民建

拱瑞堂 在縣北筆山下曹邑人何文魁建

福興堂 在下管大濟元至正年潘元建

皇明天順八年潘德脩嘉靖四十五年僧德正重脩

白蓮堂　在下管小濟龍鳳三年僧無相建屋數椽

皇明弘治八年本里女白蓮創造佛堂因名白蓮又名報資堂

福善堂　在下管大濟龍鳳十一年吳順卿造

六如堂　在城外東隅正統元年葉德一建萬曆二年葉荷重脩

福現堂　在十都

正信堂　在十都

淨信堂　在二都周墩

勝明堂　在十一都

善應堂　在十一都

正應堂　在十二都

祠

東嶽祠 在四都舊學後黃楊山東延祐二年道士公瑾建四年邑人吳迪吉重建

靈湖臨慶四年僧德閏重脩殿宇廊廡仍建書舍伍間本祠群峰羅列大澗環流門前一樹擁蓋祠後叢竹依麓山花逆豔野鳥時鳴益眺城中景無踰焉松源第一山也劉宗謙有記見文苑

護應行祠 在縣治前神姓馬氏勅封夫人歲六月居民鼓樂迎之半月散夜乘燈送歸名保苗會上元夜亦以燈迎之

順濟行祠 在縣西神姓陳氏福州古田人勅封夫人歲六月居民悉如馬氏迎之

靈應行祠 在城外迎恩坊前今廢

馬夫人行祠　在濆田村舊學址側

濟川行祠　在下管大濟

皇明成化八年里人葉嶋建萬曆三年吴道懋重建

## 義祠

吕氏宗祠　在一都舉溪唐觀察使謚文簡先生吕渭之後子孫繁衍嘉靖三十五年嗣孫吕監吕惟俊等率衆建祀

姚氏宗祠　在東隅上倉宋光祿大夫姚學明之後子孫繁衍隆慶六年嗣孫姚寵等率衆建祀

皆義祠　在石龍街為義士吴鳳鳴吴得中等衆建祀

義勇祠　在九都竹口司前為先鋒吴元備建

廟

真武廟任詠歸橋頭原建規模狹隘萬曆二年重新建造棟宇恢宏往來卜者輒應

關王廟在皆義祠左

平水王廟在東隅善濟橋左元宵六月同迎

馬侍郎廟在東隅舊城隍基元宵六月同迎

葉元帥廟在東隅後田元宵六月同迎

馬真仙廟在四都坑西元宵六月同迎

吴判府廟在二都西洋

黃十公廟在三都

梵公聖者廟　在三都林後

顯靈廟　在二都周墩

靈顯廟　在二都盖竹舊傳神姓吳生長此地言吉凶禍福無不驗歿鄉人立廟祀之水旱疾疫有禱輒應宋咸淳元年邑人吳標等為請于朝賜顯靈廟扁

白將軍廟　在九都梓亭神姓白為錢王邊將五代時閩越王潛為神將負深入討之與敵將李都鄉戰于此開裕士宁死後常有白氣出沒里人以其顯靈故立廟祠之

神農廟　在九都黄塊

東山廟　在十都竹口阜梁橋上

論曰明天地之化者不可惑以鬼神知萬物之情者不可罔以非類變之叢祠[illegible]

當祀者什一而所不當祀者什九焉何
其好事鬼神而或作非類也故志之以
見其習
尚之偏

## 釋老

### 馬氏女

五季時姊妹二人居百丈山學道脩
真後俱白日飛昇迄今巖上有剪尺
鏡臺殘跡遺痕山下有龍湫
深數千尺歲旱禱雨輒應

### 黃十公

下管黃坳人宋時持斧樵于仙桃山
之嶺見二叟對奕石上即踞坐熟觀
叟食桃遺核于地公取啖之方覓一局
叟指歸公眷顧不忍離叟語曰汝猶不
歸離家三載矣公未信起視斧柯已腐
及歸果如叟言復往奕處二叟不見但
呼之應聲因歸習凡食故也由是通仙
道演法百花岩遂坐化遺跡石上迄今
猶存禱
無不應

梵公

二都人宋時充縣隸吏因刑罰尚嚴公以慈賄縲繫狀則不傷人一日令見公空立三穴究其故乃以實對大異之又捕紀至鄉役變一人引數子求庇于公明旦鄉人欲殺伏藏以食公見與夜夢符力止之人遂翻然遠去在松溪白鶴山結廬其上朝夕修煉功成召石白至三都山岡峰明化每歲中元進香者甚衆凡所祈應之如響咸呼為注公聖者石臼尚存約千餘斤數人舉之不勝

王俊

字肇卿原浦人宋建隆時其祖訥議工朴企鶴歷日後二十年必差案排之携俊既若江西俊因請鄉舉不第悅管轄地里之學游松源見山水秀麗遂家焉祥符四年銘□勇劉氏于蕭山下記曰魏溪坑口坞見岡黄蛇抔氣其真龍位有七十安上八內坐拳天將相峯吞問子孫官纖位黄中已交萑遂經至大觀四年劉知新狀元釋褐乃其驗也其統葉叔亮受其術曰心經編其問答曰語

祿爲及衢信福建諸郡十兆多獲福范純仁跋之曰先生通經博物無愧古人其乎大史公所謂陰陽之家者矣

## 方伎

李仲齡 洪武十四年以醫士舉辟除本縣醫學訓科

李叔起 洪武二十八年以醫士舉辟除本縣醫學訓科

劉旭 永樂十五年以陰陽舉辟除本縣陰陽學訓術

童晟 永樂元年以陰陽舉辟除本縣陰陽學訓術

吳土主 名十七郎五代時仕周爲諫議大夫歸居松溪遂遯跡閉關田野募民耕種既殁鄉人思之爲之立祠凡禱皆應至正間强寇夜駐遂遯跡此山下地方騷動禱神兆吉黎明鄉衆往拒之寇見兩山兵幟甚衆披靡潰北守閟者追執

殺之遂應塲吳六姓今其後也見松溪縣志

## 紀變

元至元十五年政和寇黄花作亂燬縣治劫掠而去

至明正統庚申歲大饑民兢採山蕨食之穀一担至值九錢市中絕糴

正統己巳山寇龍閩九等各以鏡數十面懸身臨陣耀日人莫與戰縣治時無城郭民竄山谷中賊襲取之一日升堂者三四方無與援者及去縱火公署民居為之

一空適渠魁陳簡髫冠郡賊往投之疑
其間弗納復歸平之

成化丙戌歲大饑

嘉靖九年八月大霜嚴凝禾苗盡枯

嘉靖十九年夏旱二月餘

嘉靖二十四年山賊吳主姑號八先生嘯聚鄉
邑擄掠財物所至風靡越慶往掠松溪
泉坑復至竹口蓬塘知縣陳澤率兵平
之先鋒吳元佳僧挺身獨前斬賊首數顆
援兵不及力戰而亡陳錄其功立祠竹

口徧曰義勇

嘉靖二十八年大饑

嘉靖三十一年五月大旱苗槁甚民皆傍徨

嘉靖三十四年歲饑

嘉靖三十五年大風震撼頹墻摧垈林木盡拔

嘉靖三十七年妖自福建政和来名曰白馬精氣如硫黄熖硝中其氣者即昏蹶仆地婦人尤甚焉槩邑鑼鼓聲振譟以柳條插戶竹葉懸門老幼擁坐達旦後迎拱瑞堂五顯神鎮之旬日妖始潛踪

嘉靖四十年廣賊二千餘越福建松溪直抵竹口時邑侯馬汝徯防禦嚴密賊眾聞之遂往龍泉縣大肆刼掠而去

嘉靖四十一年八月山賊劉大眼劉日晉梅率等千餘徒越竹口掠政和後山時縣丞黃德與視篆率舉溪粟洋鄉兵搦戰斬首千餘級賊勢將潰適邏賊歸從旁夾攻民兵少却遂莫能支敗北而還殺傷甚衆義士吴得中吴鳳鳴吴甕等皆歿于敵中子豐訴當道下檄卜地立祠祀

焉希曰皆義

嘉靖四十一年十二月海寇數千破政和復攻松溪山寇劉大眼等意慶無備來劫長驅直至巢東門後田時訓導吳從周視篆率居民固守合邑驚惶不數日兵憲陳公慶令把總杜汝舉千總李承德統兵七百來援開門納之相與兵守賊攻七日失利燬民居而去

隆慶二年十月初三日大火自街西延及街北居民燒燬過半

隆慶四年七月十三日大雨集一晝夜河水湧入
城中市皆乘桴往來田土被決甚多塔
院門賢俊坊因淥沒焉
嘉靖四十一年十月山賊劉大眼等掠二都底
墅左溪
萬曆元年七月十六日夜西方虹見三見而三
沒大風交作
萬曆二年八月地震有聲
萬曆三年五月大饑民將絕粒爭取山蕨療生
邑侯沈維龍發倉賑之民賴以生

紀異

宋乾德五年，劉宗機應舉，夢住屋被水漂没，忽變池塘，内開荷七朶，蜘蛛牽絲，又有鵞引六子爭之。占者以爲有七代國師之祥。太祖亦夢舉人名宗機者，手擎荷花入朝，即封宗機以殿内侍郎，後果封爲國師。至大觀，孫劉知新狀元及第，子孫貴顯，有如所夢。

皇明嘉靖三十七年二月，城北芙蓉盛開。

隆慶二年七月十二日，縣前井水忽變其色，鬱

如練頃又加皺三日乃復清次年選學
其地亦一驗也
萬曆二年秋虎入城市
萬曆三年冬八都稚鴨變雌
封贈
贈河南經歷周鎮父母勅命
奉
天承運
皇帝勅曰朕於群臣之盡職者必推賚其所生所以嘉勞
而勸孝也爾周大澄乃河南布政司經歷司經

歷周鎮之父菁積厥躬慶延厥子推原所自宜
示顯褒茲特贈爲儒林郎河南布政司經歷司
經歷靈爽如存服茲寵渥
勑曰生之惟父育之則母能均敷錫何以隆罔極之
報爾葉氏乃河南布政司經歷司經歷周鎮
之母訓子䋲官而養弗逮爰頒䘏典用慰孝思
茲特贈爲安人尚克欽承永光幽壤
封河南布政司經歷周鎮夫婦勑命
奉
天承運

帝勑曰朕惟布政司領一省之寄官有幕僚厥任攸重

亦必得人乃克稱焉爾河南布政司經歷司經

歷周鎮發身胄監授任茲官克慎克勤賢勞久

著宜有渥命用示寵褒茲特授爾階儒林郎錫

之勑命爾其益勵持脩以收明績國家優異之

典寧爾靳哉

勑曰朝廷推恩群臣爰及厥配重大倫也爾河南布

政司經歷司經歷周鎮之妻劉氏配德儒門恪

脩婦道夫既顯榮爾宜並貴茲特封為安人祇

服綸恩益敦閫範

嘉靖三十九年二月初六日

贈南京留守衛經歷司經歷夏懋父母勅

奉

天承運

皇帝勅曰錫命重推恩之典報功崇尚賢之隆所以慰孝子之心而勵人臣之忠也爾夏遂乃南京留守右衛經歷司經歷夏懋之父行循質貫名重鄉評有子能官克昌家閥宜霈恩渥以旌義訓茲特贈爾為徵仕郎南京留守右衛經歷司經歷

寵命賁臨永光泉室

敕曰儀刑閨閫義實兼乎教育錫命臣工恩必及夫
慈訓爾吳氏乃南京留守右衛經歷司經歷夏
懋之母德性溫良持身嚴恪助義方之不及致
嗣子之有成可無渥恩以厲顯揚茲特贈爾為
孺人休烈下臨有光泉壤

嘉靖三十九年九月十三日

封南京留守衛經歷司經歷夏懋勑命

奉
天承運
皇帝勑曰國家京衛之設以重威銷萌強幹弱枝慮至深

速也非文資之壬抑何以參計畫而贊戎務哉爾南京留守右衛經歷司經歷夏懋業承儒素學道有聞筮仕今官精勤茂著茲以三載考績特授爾階為徵仕郎錫之勅命以奬爾賢爾其益勵精誠無替厥職欽哉

勅曰婦從夫爵服獨取齊體之義抑亦嘉相成之德也爾南京留守右衛經歷司經歷夏懋妻姚氏秀鍾名閥德配哲人敬慎相夫弗替其業顯爰頒寵命以旌往勞茲特贈爾為孺人尚克欽承永慰幽漠

勑曰朝廷推賢人臣于繼室罔遺者誠念其克襄饋
祀之重也爾南京留守右衛經歷司經歷夏懋
繼室胡氏儀度名家夙閑閫則恭勤敏慧允嗣
前徽相夫効官勞譽丕著茲特封爾爲孺人尚
敦交儆之風益迓駢蕃之寵
嘉靖三十九年九月十二日

## 藝文

### 詩

錦山呈瑞歌　徐道源

八月二十有五夕薰山頂上何奇特烟收空闊露乍寒瑞

氣望中呈五色初如飲澗一長虹忽變彩橋三道直北山之北巾子峰橋跨兩山幾千尺仙靈稅駕固不疑亦是鄉閭好消息秋風早晚狀元歸先是祥光動壓陌後來接武應有人寄語吾儕勤着力

薫山禱雨　　余康本縣知縣

為人憂旱上薫山一瓣心香達帝壇禴告神明崇大禮為驅魃魖墜深灘人間正作雲霓望天畔忽驚霖雨單來潤水流西澗水年豐有兆慰民艱

松源八咏　　陳澤本縣知縣

龍潭印月

萬籟無聲生沆瀣一泓潭水沁嬋娟驪龍窟底銜珠出玉兔雲間搗藥聯寶匣忽疑開一鑑冰輪忽訝墜中天鳶飛魚躍真机潾相對清光照後先

鳳島停雲

鳳島岩石頭翠作堆天然佳景興無涯迎風舒卷石衣動出岫悠揚野鶴猜影落深潭生畫嶂氣含香露濕蒼苔須臾直上太空處化作甘霖遍九垓

百花春色

一脈陽回日轉東百花巖上百花穠烟迷柳帶鶯眠綠露滴花稍蝶懮紅淡蕩風生香氣罩曈曨影動宿光融詩景

滿前吟不破分明如在畫圖中

半月秋容

雲樹蒼蒼紫翠堆巖名半月倚崔嵬染成野色霞是綺嘐
就秋光月作媒蘭桂不爭桃李豔梧桐偏引鳳凰來棡中
景致清如許留與詩人取次栽

濛淤古渡

濛淤溪上水粼粼未曉先聞呼渡聲不遣征夫長駐馬征
教賈客獨歸津洪濤怒浪風前湧岸草斜陽雨後新何用
成橋跨滄海濟川功已及斯民

棘嶺圍營

嶺背巑岏嵐岫清芟除荊棘築新營數聲號令風霆迅一
攄威名魍魎驚守土憂時嚴備禦編民安堵樂昇平于今
百里無桴鼓郄剩胸中百萬兵

竹口樵歌

迢迢竹口路仍滑峷嵂山椒岐已分斤斧丁丁臨絕巘行
歌緩緩徹閑雲蒼龍淵底驚眠慣白鹿洞中觸耳頻但幸
太平無一事爛柯何必遇神人

樵夫漁唱

水膩溪心鱸可膾雙雙鼓枻泥中流烟霞身世心無在楊
柳人家酒似油幾曲歌殘風月裏一聲嘯徹地天秋此中

眞樂人能識不羨高車牧九州

錦山呈瑞　毛存奎儒學教諭松滋人

景山何事慣通仙三百英雄巳兆先寶仗畫橋懸絶頂浮雲白晝掩孤巔莫將奇跡歸天上須把勤勞奮眼前金殿傳臚三載事耿光還待後人賢

文筆留暉

誰把冊毫揮古立天章爛熳任優游風晴露墨偏芳潤月霽雲箋更勁遒謾說江淹頻入夢浪誇班將易封侯夕陽返照無邉景萬丈文光射斗牛

石龍春霽

碧削凌層幾百尋吐吞江海抱前岑石鱗皆甲年華古珠
月雲衣世態深草樹烟迷憐久困松杉風撼助長吟晴川
白日春雷起化作商家濟旱霖

霞帔曉晴

孤峯特立出塵囂珠珥分明倚碧霄雲鬢月侵隋髻巧黛
眉烟拂楚粧高小溪梅粉凝香露曲徑花脂點翠鈿聞説
青囊曾指點紫泥封誥應城壕

百花古巖

寒谷春從何處來奇葩攢簇為誰栽紛紛紅紫爭先放處
處高低取次開鶗鴂不聞妃子笑綺羅應付月娥栽花神

不語香風動羽客登臨縱酒盃

挐雲仙洞

仙子朝玄去不廻洞雲深鎖白雲堆笙歌觴佩皆成夢問竈丹圭盡已灰黄鶴南翔芳草薦青牛西度紫雲隈人生轉眼皆陳迹樂意何如醉緑醅

琵琶蹝躧

入樹薔薇曙色生琵琶山景轉分明依稀殘月傳心事蕩漾清風寫怨聲錦瑟欲埋嵐霧重氷絃細促水泉輕江楓葉落征鴻唳疑是當年恨未平

銅鉢秋澄

雲流一派一盂圓瑟瑟秋光對景妍濾水護勞尋淨戒軍
持自可汲清漣潭中白月宜明性象外青蓮應點禪欲向
定中參上乘憑誰消息問真詮

百丈飛昇

通靈原不在山高況復高山百丈遥藥採雲根天路近門
烹陽火大丹嬌煙花滿目塵緣熄環佩遥聲鶴駕招香火
一龕瞻祀遠王容雙美萬人朝

三泓應禱

霧靄蒼茫三井亞一泓深處有蛟龍嶙峋石壁藏真烝白
日青天乳暮鐘禾黍早蒸憂殄瘁桑林雨注沛神功九重

知爲蘇民瘼，殷諭于今攣若峯。

臯溪[illegible]　　葉瓔

散步彭橋望棗川，水光山色兩悠然。銀屏古木疑撐月，筆架巍峯欲柱天。遠近樓臺籠雜樹，高低禾黍滿平田。風清俗厚書聲藹，遍野謳歌大有年。

吳孝子相　　教諭毛存奎

澆漓時俗逐波流，誰把綱常爲世謀。楓陛褒書啣彩鳳，栢舟詩句咏雎鳩。此生不負零丁苦，大孝還期太史收。寄語紛紛兒女子，勿辜天性對君羞。

姚節婦輕[illegible]妻　　毛存奎

入邑陬風識姓名百年情事更分明差心燕爾隨夫滅殘喘鴻毛與世輕丹渥已銷悲暮景氷霜歷盡守孤煢乾坤間氣能多見還擬褒崇萬古聲

倭寇攻圍示士民　吳從周

今時即古時古人今可為只緣畏一死變中多少疑爵位有高下名節豈容差張巡一邑令王蠋乃棄黎顏氏兄與弟此後如者誰彭殤等死爾看破甘如飴貧賤世俗子哂吾愚且痴知音幸同賞烈烈信匪移春秋素所肄聖教焉敢虧失地名國君於予宜何辭苟不畏名節何以殊倭夷

挽義士吴得中慰子吴豐　吴從周

黄巾聯境掠紫燕籍林巢鶴唳身先北風鳴鴟已消英雄暗洒淚戎服掛皮弨壯氣吞胡羯門心怒碧濤雷風一奮擊龍魚虓先逃白璧委長路玉山摧北郊重名低泰嶽就死等鴻毛千載凌烟客一坵瘞土蒿月高松鶴淚日暮野[illegible]號父殞銅駝沒兒悲椿樹凋梓橋輕古彥忠孝愧時髦身沒清名樹闌眶莫用嘵鴻勳應不泯還待汗青標

雨後遊大覺寺　顧節推

欲適靜中趣來為野寺行空門諸品寂覺地一燈明兩過草杒菑林深鳥亂鳴闍黎相指顧不解有逢迎

龍山十景圖　余康

松源奇秀龍山前乾坤之景長欲然看來展手欲掬來頃
教詩伯自成蹊山前華屋已換白衣冠濟濟多奇特荷得
羲皇開太平高卧終年抱群策伊誰結架兩三間俗子不
來長是閑草痕濕雨草無力青青欲滴如可飡泉源浩浩
幾千里雙脚欲探深無底老龜曝背夕陽西獨釣從教魚
不餌好看懸象象其形一犁春雨滿山青老翁耒耜婦子
饁年年計得家不傾梅雨之後雲滿野想是龍天擊壤者
百室盈來犧禮行祖妣烝嘗為酒醴蟠伏個中真見龍化
兩四時雲其從芹泮之子爭奮迅未許變理負三公陶成

一塊更聞氣斯文千古無老矣金烏升騰懶欲落為得玉
兎還不至武溪一曲幾年桃我欲攀之生何年壽盤肯許
獻眉老人問郤道萬壽高峰髯一峯生是頂冠帽卧来扁
欵員紛紛壘壘為誰晴門外人久欲消遣慈山清致曷勝
言還有綿綿千文迹不消織造欵裂結得紅霞長有緣我
長看女女看我幾廻相離離不棄舒懷到地成一家胥許
門户那龍鎖

藝文

文

慶元縣續志卷　富鼎謀

處統縣有六龍泉𨸏處爲遠而鄉之松源距龍泉爲最
遠地居浙東之極中高而旁下流水四注而湍急其巉
巖之峯谽谺之石屹立于甌南閩越之交嶺梅而益峻
道隘而益險有戶萬計願爲邑者葢有年矣其居幽遠
足跡未嘗至縣有不得其所者令有所不聞故豪民之
武斷賦役之不均訴訟之不平其能自辯于令之庭乎
慶元丁巳民以狀白府請以松源一鄉益以榮慶鄉之
半聽置爲邑聞于部刺史達于朝時冬官二卿胡公紘
松源人也爲丞相京祁公所推重首言建邑便祁公深
然之故遠民之情亟達于上惟剏邑大事也其在唐制

開元增縣三百有奇悉從民便自高祖龍飛渡江以來
所罕見天子加惠斯土冬十一月詔可而後割以邑錫
名慶元宜得才智士經始之乃不以嘉謀無倦俾之首
膺其選丞相大書縣額以鎮茲土始鑄縣印俾嘉謀躬
佩而往越明年三月既望至是領畧山水宜為治所者
獨薰洋夷曠而殊勝剏地牢厥中鎮以龍山印以龜潭
遂永地于茲西北距州四百里達杭州一千餘里邑之
封疆廣狹東西之經二百三十里北南之緯一百二十
有五里東距建之政和西距建之松溪南又距建之政
和北距州之龍泉福之長溪在其東南建之政和在其

西南州之青田在其東北建之浦城在其西北乃以松
源延慶鎣為三鄉分為十有二都松源則因其舊曰慶元
榮慶今以名擇三鄉之上事分示規制度地治基增卑
為高建縣治為屋八十間若干論頒春君度纤网不咸
其丞廨在其東尉廨在其西縣學在其北邑之內植坊
一十七所乾之維則有社稷以春祈秋報坤之維則有
教場以閱武治兵乃廟司城于東乃犒賓疲於西乃開
山通道于福而行旅者得由坦道乃開地鑿崖於安溪
而入邑者樂出夷塗皆山經地志之所未有凡邑之工
程始于慶元戊午夏六月甲辰至己未春三月戊寅乃

告成時松源之官賦積逋者一萬有奇嘉謀請于郡太
守趙公蠲予其半益之故其成益速民亦樂輸而爭先
嘉謀非智創之七隻身大明篇宇九十有二月而徙令
治方析邑命成謂締創之事古人所難今儲材不素雖
用民力懼歷稔而無成時有木數千株任深山窮谷既
巨且良天久不雨一夕暴流漲溢皆蔽溪順流而下亦
異矣而又田穀屢豐田里熙然豈謭才所能集天定爲
之邑成之秋九月二十六日以薦格上蒙恩就陞京秩
而因任于茲今四年代下下逮亡民塡溢公門乞辭諸
碑以志其顛末乃據實而書之嘉泰元年十月既望記

## 築慶元城成記

陳桓 政和人九江紅備

昔孔子作春秋凡城必書志識也如城中丘城郭城楚丘之類是也大城城莒為而識之也以其或修或逞時或專封也然則楚令尹孫叔敖城沂非嫩又苟為而與之者與其不愆于素也是故分則用平板幹稱畚築程土物議遠邇畧基址具餱粮度有司事三旬而成所以與之也慶元雖一邑地界閩浙之間為盜賊出入之區與海盜聲援其利害當東南之半罔可小視耶平川陳先生甲辰蒞于茲乙巳春肖剪劇黨殲滅餘燼常清方為安先生曰賊平一時幸耳然匪城則衆罔與守非

備則賊罔知懼益城諸土兵備之乎是長久安寧全策
也况邑無百雉之城民有求倪之樂又奚憚而終止也
廼聞諸當道咸恐其謀滅而力弗兢以其事下諸郡僉
為之議先生曰是在我矣廼奉制以廢寺貿價售力為
之不三月而成樓堞門鍵延袤相屬仍籍土兵犀銳者
更番守衛猶是山城鼓角夜刁旌旗隱然壯一方之勢
而閩浙釁孽之端從此併息矣夫用取諸廢寺則費弗
侈力取諸售值則時弗違謀恊諸當道則封不專而須
諸集事度程奏功則又不愆于素其令尹孫叔敖之選
歟在春秋尤當大書以寺焉者奚暇以城病之也先生

今奉
特旨内用秉政有日將見以禮治天下辨尊卑明貴賤別等威異物采以杜絶僭限隔上下設無形之險罩宗社之基此又先生守城之大者今日之記而豈徒哉予不腆敢因諸友之請俾刻于望京之壁以致則願之私云嘉靖庚戌三月記

## 重修慶元縣儒學記

鄭師陳儒學教諭

國朝法古崗治建學為先以故天下郡國至于州縣莫不有學誠以學校為陶鎔人心之地而賢才之所由出也稽之慶元廼隷浙東為括蒼蔵爾之邑建學之地在

宋寧宗慶元三年即許所請然計其土木資費太甚猶懼不能修於前作僉以老人鮑得淵募緣就董其事用是伐木于山運甓于陶地之卑者則與土以實之基狹者則闢地以廣之工善匠勤夙夜匪懈明年冬厥功告成奉祀有廟講學有堂廟在學南壯麗咸稱諸生齋舍會饌之所靡不具備黝堊丹漆煥然一新是又一時之盛也繡衣張公若其功克就緒以事蹟之記前所未有懲今志之俾後有所稽余承命而述之末敍之梓乃正統丙辰秋邑侯鄭公昱判簿王公函以聖賢塑像已久重加藻繪回廊繚垣增以粉飾至于龕設以幔厨建以

室則又府判黃公懋將仕郎管公王之力也由是予益喜其功之克全而嘉夫二志以遂乃為之記曰學校之興廢關乎文運之盛衰方今

大明麗天儒風大振端人正士涵養乎斯絃誦於斯業出而效用者於斯教化由是而基風俗由是而美國家政事未有舍是而先者文運之盛三年知縣事富嘉謀翔于縣西之濱田上村元季驛騷厄于兵燹彝縣尹馮義舊址復興實至元二十七年也

國初以來寢于兵燹迨十四年辛酉開設縣治縣令[illegible]太本十於就日門之東距數百步許以相其基焉地勢夷

巘間𡺸石梯拱揖于前松潭襟帶于後厥位而陽塏土而剛雖具其制未甚宏廓亦足為講學行禮之所然而歷歲愈久不能無傾圮之虞宣德丙午冬知縣羅仕魁教諭宋觀進繡衣王公郁以狀爰始規圖命匠[illegible]造哉門闢兩廡標星豎于坊門一皆鼎建殆不偶得哉五年庚戌夏余來典茲邑教徘徊顧望概前人之所作靡不志于是以為功之既就者固可已功之當興者宜亟繼乎若文廟若講堂諸生齋舍庖廩廚湢棟楹欂節蹊戶牖朽剝落果置之恝然則隘而且陋何以光[illegible]訓風教文教十一日謀諸大尹程公義和等衆以克合[illegible]向[illegible]

衣□山張公此其時也嗚呼功之大者成之必難鑒之前古以至于今作者□□人述者非一乎今日之所為乃繼前人之所為實□□繼公之所為者又有望于後人耶作之述之繼繼相繼□□合聖朝崇祀之典興學育材之意當必有名公巨卿再秉筆焉余鄙詞何足以記其興造之顛末也時正統三年三月初旬誌

詠歸橋記

慶元山水之秀也萬山拔源一水環注界乎縣治西北學宮之南而凡游宦之車馬市民之携挈行旅之擔荷皆越是溪惟筏竹代渡而已至于春夏漲浮奔流跳浪

爭趨疾渡者而有蹴踏傾覆之患秋涸冬沍未免跣踝揭厲之憂黌宮師儒徙來斯久其處尤切天順庚辰欽差中貴臣羅公常謁學宮爭崇聖化視其溪阻謂衆曰水有橋梁民不患于徒涉亦王政之一端況學宮間阻而勞師儒筏涉豈安其所安而視其所未安者乎遂捐貲掄材鳩工伐立邑之民士歡趨樂助經始于是年八月落成十二月也長跨若干步橫架四十一間高結層亞以蔽風雨所用緡帛動以千計倚勢吞波鯨飛虹臥是以車馬之行攜挈之便擔荷之安而無蹴踏傾覆跣踝揭厲之虞皆公之所與也師儒慨渡之昔今而表遵

來歌易為風乎舞雩之詠惠及于學宮尤厚因題其橋曰詠歸慶元知縣張宣等來請曰昔汴州作東西水門而昌黎有記柳州作東亭而宗元有文今按節斯土蒞清王度橋梁既成須公之德非文又何以傳于後乎予寔甚請而記之曰人流聲于天地間以其迹若可考也考其迹而知其德于百世之上而流聲于百世之下百世之下慨乎百世之上其聲且不泯況當世乎公之德及于當世而流聲于百世百世之下迹之不泯聲之所不泯也聲流于百世之下因其迹而推其德于百世之上者則又知公之所始焉是為記天順四年冬十一月

庚子日記

## 貞節堂記

夫德積于躬名昭于時足以起人之敬慕者此世之賢士大夫爲然也至若婦德雖有明達才智不過主中饋佐夫綱而已名固弗得聞焉唯不幸蚤失所天者金石其志歲寒其節不以存亡而易不以盛衰而貳則必藉夫哲人君子表而出之於是晦者顯微者著古之節婦名垂于不朽用此故也慶元葉生山城娶鮑氏年十九歸其兄德善適

天兵親攻吾栝德善以效順勲授正千户奉檄提義旅

今鮑氏蚤歲孀居固守其節不惟始終一致尤能終養
其舅姑濟家之危急視古烈婦又何讓焉以是而承殊
渥光閭里鄉邦敬而慕之寔宜雖然德在已知不知在
人向使下無賢者老知而舉之上無賢守令轉而上之
又無賢使者按實而達之欲我
國家表厥宅里以昭
聖化之盛不亦難乎余用是而知不虧其節者固賢能表
而出之者為尤賢也吁水藏珠而川媚石蘊玉而山輝
以鮑氏之賢而蒙褒之典聲名洋溢不隨世而泯也
必矣機鳴籟動寧無同心同德則而象之者接踵于後

乎余雖未登斯堂幸嘗竊聞其德足以敦厲薄俗且美
山城良彰厥嫂之善也矜是乎書特洪武庚辰重陽前
四日五雲俞珂記

南昌陳侯去思記

南昌陳侯西川公之令慶元幾四閱歲一旦以母喪聞
者民姚景廷輩感其恩皆駭愕相顧倉皇如失維而嘆
曰吾侯之遭變服闋脫不幸忠以孝奪殆不可留廼乘
其散髮哀慟變服間脫其靴以為去後思既而幣來屬
予為之記予因而謂之曰侯之政予固知其大節目矣
請以告我民廳之曰侯之下車操厲冰霜明施獨斷[illegible]

迨戊未幾歿于所事時鮑氏甫一載無子傷所天之早失也廼指日爲信矢不再醮當干戈倣擾之中冒經險阻負棺歸葬禮畢執炊爨之勞躬紡績之業事舅姑以天年終所居青燈孤幃形影相吊人不能堪而其志自若可謂不以存亡而易者歟洪武間家爲糧長轉輸赴遠屢有逋緩山城暨兄若弟相繼以例從戎于邊由是疲于資給有無經理一一仰于鮑脫簪珥以供租徭質衾襦以贍薪菜艱苦雖備嘗而其節愈勵又可謂不以盛衰而異者歟先是歲戊寅秋邑之耆老姚仲安等相與詣

闕列其事復言之縣縣令上之郡郡大夫覈其實具移按
察司使者覈按如所列以次達于春官爲之朝廷
天子嘉其貞節
詔旌其門綍下之日大尹胡侯奉行唯謹復率僚屬文士
咸作歌詩以賛美之時山城非以疾穫代歸自行問樂
嫂氏之志有成感上恩之歸及廼名其堂曰貞節介齋
醫學訓科季叔氏徵記于余余唯婦之於夫一與之醮
終身不改此人道之常耳自大樸既散彝倫攸斁而夫
婦之義鮮矣一有孤風峻節介然自立者則夫操長
民之柄者首不深加獎勸將何以寓維持世教之術哉

學勸農彌盜息訟惠無告均徭役省民費而德澤之及人深是故謳聲載道監司咸嘉之又推其餘以施五雲士民尤仰之若父母其賢能不亦彰矣乎先是聞有推薦言民恐其遷秩也深切憂焉廼相率保留於當道處得不去民心始悅詎意有凶變乎民不忍舍故以侯之靴為千載之瞻仰庶幾吾侯之德澤恒在人心而吾民之思念恒在吾侯也予聞耆民之言益知陳侯真樂只君子民之父母矣不然前之為慶元令者多矣而得民如侯者幾何耆民今日之舉正撫稼穡而仰稷顏河洛而思禹意也故予亦樂為之記工拙奚暇計哉大抵導

民之要在寬嚴適宜而已一于嚴則失之刻一于寬則墮于委靡而不振必嚴以繩不法寬以蓄良善然後爲有濟陳侯之得民若此其誠善于導民而嚴寬得中者乎考諸古人如文翁張堪龔遂包拯類皆治行卓異至今人仰而慕之者侯之德政既兼有衆美而歌詠于士民他日將不與之並稱乎予與侯出同江右仕同于慶玆因耆民之意而敷其説以爲之記云嘉靖丙申冬

陳侯惠政亭碑

括多巖邑慶元僻處郡治西南四百七十里與景寧龍泉溫泰順閩建寧相唇齒尤爲險阻山坑間小寇逞逞

出沒官兵或不能禁戢積數十年為害為之令者豈不戛戛乎其難矣哉唯
聖天子明見萬里時每軫念慎選賢有才者任是職而今平川陳侯實以茲選下車喟而嘆曰匪兵無以衛民匪城無以固衛二者可不謂急務然兵凶戰危城築費且勞如之何退者久之深唯坐見赤子横罹轉掠仁人所不忍矧一邑民寄之我于是捐俸米代糧餉親帥鄉社兵奮身出戰于竹口蓬塘歷三日夜殲渠首四十級生獲徒一百有五十餘直搗巢穴餘黨悉繼其象鄰境同賴以安繼遂經畧版築事脩使宜上監察守巡報可乃

行邑寺田沓備寺僧焚脩外召賣月餘得白金七千餘
木甓瓦石之材揀庀築削之力咸以取足然保障延袤
七百餘丈通道于八閩慶元路稱周行自兹始父老縉
紳感其惠政駸駸然頌聲作矣咸曰兵以靖亂一時城
以設險萬世我侯安民之功大且久若是觀風氏最其
績為兩浙第一丁未侯當入
覲父老縉紳又方憂其遷去相與謀立亭鑴石以紀不朽
予為令之職首為安民而侯處其時艱乃克施其賢有
才以底平禍亂以保乂兹一方斯不為思艱圖易舉稱
其任者乎余仲弟子楊始以天　郎主東廣試事得侯

之文既其不凡也觀侯之作用實祇攄發所蘊迺知文匪空言而余弟之識鑒亦于是乎驗云抑先生所恃以治安猶有進于是者不兵之兵不城之城仁義是已侯筮仕以來執道範俗智既足以達此今胸富甲兵為國干城應變秉經綽有餘裕褎然為循良者有以夫由是推之他日施于四方何莫而不為慶元也金鄉經衛劉侯常與督城役謁文是為記時嘉靖二十六年春正月

慶元脩城碑

余嘗按行北邊觀

國家乃慮所為繕亭障葺關城既以介塞外及主閫中行

觀海上抒假夷為列衛戍兵文昌嘗不賴之城守以此知前八憑形勢而各為之畫遂矣哉吾郡以山為四塞十邑故皆無城經國者意以天險足恃云承平無事比屋十城豐極孽牙而亦反是是以問者建議下郡南青田比甌海上郡即所患島夷西龍泉慶元接閩壤而慶元尤界松溪壽政諸邑阻山賊寇淵藪以故有警即三邑而慶元尤括咽喉地雖難盡城宜從其尤者於是歲丙午城慶元後十年城青田而龍泉弗果城者或云一隘據守萬夫莫開甚哉民之不可與慮始也至戊午寇目蹤攻青田恃城以拙難而辛酉閩賊侵龍泉曾無藩

籬以限之則剽切得氣去然則所稱一隘守者安在哉
明年冬復至郴閩慶元慶元雖城甚而得閉闗以須者
城之力也城之所係利害相去明矣又明年仲夏廼令
杜史張公按于括徃徃令有司悉條所興革則城郡城
青田遷學增闗城既成郡守張君大韶請以次貫行矣
時署慶元事為倅周君紳守復偕之上書畧曰邑成草
創率溪石錯置見斜傾若幾所危如纍卵恐春至卒大
壞廼者非兵憲陳公歷壘撫阸邑幾殆實竊憂之惟裁
察公曰吾固已素籌之矣盍即區畫其宜與費俟于是
占度聚六千八百餘尺高十三尺增卑益　易以伐石

顧此瀨大溪湍悍漂齧城址數敗壞今緣城為石堤激度得完安總其費四百有奇則見有庫羨充其半餘以虛諸倉粟云公問人尚有遺議否復對以西城扎山山高而逼城憑高壘石則攻易守難若能環入山阜改築周六百尺庶永無患總其費亦不過四百金則以時則詘困姑竢諸來者公聞為之瞿然嘆曰兵法據高而惡下既已宜改築而可不及今求圖之而曰似來者夫邑之庫藏單虛已闕矣而一旦取之為為積貯計卒有警安所輸餽之其諸郡葭上曰幸明公念保護諸生靈樹不朽即郡倉粟見數萬請以什之一貲八百金礱家人

父有羸以子子惟十公曰善則置略云始撥金四百有
奇而今倍稍有工以一攢而久省督勞而未逸也其任
廡吏董其毋不然為侵漁以靡財者衆則非本旨矣郡
乃具則上大中丞敬公公又極稱曰善於是即出所貯
粟易直齋以徙募民有財力者畀之民祠告曰張公其
生我欲則相與扶携負石而佐工而郡倅周君紳又躬
勞來甄罰之自五月至八月新城成亦竣舊城而張君
應元有餘力賢能調至即率事監奴董有民亦勸董役
則博士吳君從周至十月共日而功竣崇於故雖三尺
而代而堅厚視舊益倍又隄激成而水溪中行新城環

山天險□□我號為□□而實大活之蓋工絕作者矣余
嘗惟承慶元道里接閩而迂括然覺處之括者蓋近而
閩諸邑□□大大彼親閩所謂上臨者皆閩道賊所從入
□鄉□□慶元盤□鎖鑰而守之則孰為吾括右臂哉是
故城□□□不凡以待兼險阻非守則不足以聚師
衡之北有□遼城南列戍衛而中原之形勝固矣我柱史
張公□□□邑者其諸有天下之慮云銘曰巖巖慶元
介在□□紀啓□盡為邑隩閩垠爾藩城鏈再築其
巖□□□□以難進遏以憂賢木蓋安不忘危絡
□□□□□永寧從險日獨守臣司括敢告執牧嘉靖

甲子春正月記

慶元遷建儒學記　何鏜　麗水人

隆慶三年冬十有二月慶元縣遷建學宮于邑治之東明年秋七月迄工始臻厥成又明年夏四月邑侯朱君偕邑博士顏君與其諸生以狀來問記紀成事也先是慶元爲邑始自有宋慶元三年而慶之有學亦始于是時元季燬于火我朝洪武間復設縣治于是復建學盖在縣中就日門之東云天順初乃遷于墳田成化間又遷于墳田故址之右至嘉靖中學宮頹壞且甚時初築邑城學乃在城外三里許又阻二㵎水諸生昕夕走謁

及肄業學舍中者殊為不便聞亦建橋通行又屢決于
漲水儕輩不時往為邑者多病之欲覩為徙建善地又
格于費巨訖無成議迨今上
皇帝嗣統改元令天下有司務脩厲賢才崇鄉黨之化所
在推行詔書德意甚盛乎時浙東分守道參議勞公行
部過邑中謁見廟學僻遠且廢喟然興嘆檄行改造故
邑令彭君與顧君偕上議以為建國君民育才先務當
無間于遠邇慶故巖邑厥有忠信往昔童科釋褐代著
聞人今茲希濶顧所作興人文萃止宜于國中所宜遷
建一也舊學須絕兩澗行往艱阻實生厭怠又宮牆鞠

茂瞻仰婁落非所以興起肅敬而使之樂學所宜遷建二也往昔橋多圯壞雖費不貲今積鍰併力移植舊宮半充新葺得永逸又鄉基勝舍址不他貿稍事衍輔何特可以底績所宜遷建三也况卜地兆吉人心景從傾否亨也寔惟其會所宜遷建四也愚誠以為宜改建學宮于邑治東邊故總舖地不給益以裁減邑丞宅舍又不給益以邑倉羨地且化材故宮度支橋費當不益捐幕藏而闤闠名投咄嗟可辦崇廟貌于域中無郊原之跋涉官師密守四方嚮風宜無不可為者書上值分守鄒公始下車輒可其議則竟施行之而郡理社公攝邑

務往來費田又特特推轂其事于是朱君蒞任即再上
書願卒前議乃部守陳公發狀因稱如所請遂轉聞于
撫院谷公巡臺周公乃兩公一如陳公語檄無後時于
是朱君諏日庀工飭材經費以三年冬十二月始事改
創頓君指貲貿地以廣堂址迄四年七月宮牆輪奐堂
飛跂翼齋舍廊廡無不具飭祠啓聖公于宮左列祠名
宦鄉賢于儀門兩旁前為泮池樹櫺星三門設屏牆于
門外左為儒學門右坊題故狀元劉知新為將來者表
儀楷法盖黌亭所宜有巍如燦如稱備制矣是學也南
直巾峯北負五畨諸山泉流環回抱宮牆而北注大川

帶遶于後龜石祗于中流龍潭滙于西麓誠巍巍洋洋
風雨之交陰陽之所會也繄是而人文肇起郷黨彬彬
多文學士異時騰茂蜚以樹勳烈名將與上國比隆競爽
實惟今日始基之宜如持券責物必效無爽矣昔暮侯
興學稱頌泮宮文翁化俗敦崇文雅古今人豈不相及
也顧是學建遷議之已數歲今始克成于諸公上之御
史大夫侍御史兩監司郡大夫以至今尹文學若諸生
弟子衆謀僉同鬼神協吉往所稱天時人事之會豈不
千載一時哉請刊貞石焉永久裨邑士民世世無忘創
建盛美云谷公名中虛海豐人周公名禧蘄州人學公

名甚德化人邵公名夢麟滁州人陳公名烈建安人杜公名其萌潞州人彭君名造溧陽人朱君名莆黔江人顧君名翼高上海人乃董役效地者姓氏皆列之碑陰

時隆慶庚午記

## 邑侯勞望松翁德政碑銘　教諭毛存奎

萬曆改元夏安慶懷寧勞公望松翁諱銘燮遂豫取天曹以試策授慶元令八月初有二日履任邑中百役里胥偕父老士夫咸迓於郊見其倜儻詳審溫溫雅飭人郵以豈弟父母稱之矢治臨民蒞政不吐不茹遇事迎刃而解略無穢滯如老吏然人又皆以敏決風力服之

矣繼而旬月治政有紀懷民有方馭吏有道待士有禮一也之中廢者興墜者理缺畧者以次補葺一時草莽煥然改觀當道嘉之塩院重之賢聲藏道人又皆以一方保障賴之矣迄今萬曆二年八月初有八日剛一載而疾作遂止竅卒于官邸士庶徬徨人民洶湧薦紳嗟嘆莫如所措闔學生員季生艮璣吳生叔京吳生文瀚吳生文源周生鰲吳生嵩葉生廷祿吳生蘭吳生宗熠輩咸進而揖云勞翁始任即首重學校待諸士子以忠誠恭敬交際往來蔚然其有文也訓戒詳勉教思無窮至于優恤谿濟罔不軫慮今既殁矣良法美意上民固

結于心不可解者可無一言彰既往而期將來耶迺謀
諸鄉先生吳公竹溪吳公芋川葉公石山周公峝峯周
公帶川太學生吳公華軒吳公印竹吳公松巖暨里耆
吳氏大珪吳氏道揆葉氏荷葉氏楷葉氏仲珊季氏廷
瑞陳氏文琎里正葉孔忠吳紫雲吳承臯葉檀等詢謀
僉同無或間然予夙知公之素目擊其行奚敢以不文
辭乃拜手借為之言曰牧民之職親近乎民有父母之
道焉父母鞠子罔不殫厥誠厥子雖寘亦鮮不念覆育
恩者盖天理民彝之不容泯矣矧侯至誠根于天性而
愛民一念由衷出焉觀其抵任之日有山寇嚚悍而彌

亂者衆謀鳩兵以應公獨拒之恐糜費民財惟固分守
安宮靜以須之賊果遁去人服其神處俗多不育女翁
下車嚴禁其令而乃生生不息民俗有火化親骸者翁
知多非土着之民而鄉卜其域乃庶得城北隙地為漏
澤園一所俾窮民有所歸慮民不學而任其生者乃作
勸善戒惡詩歌各十章令民朝夕詠之遷其善而易其
惡慮民無知而犯罪者乃揭書大明律令懸于通衢俾
民曉然知違法者必抵其罪如水火之不可輕蹈也是
民之不獲其所由供賦之繁也乃自奉儉約而于一切
規例槩禁革焉今春霪雨交侵城隅崩圮翁悉處分命

匠以次第之百雉若岩也予以學宮新建規制未備嘗以六事條陳于上矣公至即毅然爲已任捐俸以製卧碑士之趨饗有準也創祀鄉賢名宦而士之觀感有機也於民聚村市各立社學擇師以訓之小子以正也其射圃書院已盡制于舊學址新于時而未觀厥成惜哉佛如塑像之新節孝之褒倉廩充實囹圄空虛一時類敉油然而振凡此類者縷縷不可悉計朞年之政如此由是而假以年焉又未可知矣一邑之政如此由是而藩郡四海焉其爲效又當何如耶予既稔公德又重學士耆英之請故敢效不一書之法而備録之且述輿情

以銘于左庶幾不朽又當與又毋孔邇之歌而迭奏矣

銘曰

木之在山愈久彌長得之在人愈久彌彰皇天弗弔奪我賢良郎宿忽隕德星孔藏與公之來我邑之昌我公之逝萬目不張既剪我棘爰固我疆風雨我廬公槶之墻雪霜我屬公被之襄擧鬐多士瞻依德光鰥縈孤獨憫憐如傷澤及枯骨仁被一方召父其匹杜母何誕碑首腐心德意莫將欲公之神留滯我鄉山中翹足火荅其處貞珉孤碣庚於千億萬年而永不忘萬曆二年季秋記

新建竹口公館記　夏浚　浙江副使　玉山人

處居浙東上游，慶元爲浙巖邑，當閩越之交。處之諸山其發脉自閩中者，皆胎息孕靈于此，是故寶藏興焉，白金生焉。然而利之所聚，害亦叢之，豈天之生物以利民者而適以害之乎？抑和氣所鍾不于人焉而獨于物乎？嗟乎！此可以觀聖王理財正辭、禁民爲非之義有不得已焉者。慶元素號難治，多盜亂，豈其上使然也？無亦上失其道，凡示之義以立民極者有未盡歟？前此巡坑惟責之縣官，兵憲副使仲菴歐陽公浡乃用議者，使郡僚一人專領其事，開署竹谿以涖之，蓋竹谿乃慶元要害為龍景政松浦諸路之衝于此設官建治控御聯屬固易惡慝萌之幾猶牙童牿之道也然而未逞嘉靖乙巳春寇大猖獗知縣陳澤至首倡義兵平之會汝奉命備兵浙東夏五月行部至郡澤以職事來見因謂之曰平寇非難必矣使無[illegible][illegible]乎澤對曰固司牧者之志也曰令知夫司牧之義則慶元其庶幾乎澤宜白前議曰為之兆也不亦可乎乃謀之分守少參葵峯黃公光昇請于代巡瀛山高公燿檄同知文章以往立保法脩武備懸軌物遂營竹谿以事上焉而民聽不濫告厥工成曰縣有以記之為終司牧之義曰昔者卜式牧羊肥息武帝

善之式曰非獨羊也治民亦猶是以時起爲惡者輒去之勿令敗群嗟乎式其通于司收之義乎其牧之肥息不偶然也是故正辟也者時其起居之類也禁非也者去其敗群之類也察其幾基其本民日易惡遷善而不知爲之者先王之義正也

國家非治之征自金部歸于田賦悉封閉而有厲禁所以塞覬利害之原而嚴爲義利之防者也近日言利之臣輕啓事端奸萌驟然發動旋復報罷蓋以得不償失有損無益云雖然猶利害之末論也非通于義利之微長

國家之常道也嗟乎民生有欲道之以利而徐捄其亂祗

開民爾示之以義義以利民利以和義故自不忍以利人者害人不懷璧以為禍本則處産殖可貴矣僉曰俞允若茲民是用不紀于有司又何畏乎朽索之御六馬請勒諸石用告俾勿壞嘉靖二十五年一陽月望日記

## 東嶽祠記

劉宗譓處州路儒學學正

東嶽聖帝天下之通祀也行祠之建州縣間皆有之惟是邑自寧宗三年創祈之初令尹富公嘉謀奉命而來規畫經制自城社而寺觀莫不有壇有宇獨于嶽殿缺焉今一百二十年矣洪惟

聖朝渙頒制誥褒崇祀典皇慶壬子有將舉焉而弗克者

力有所不逮至延佑改元迺之居民意惟維嶽降神福
善而禍淫者也天將興之誰能廢之於是募緣鳩金庀
上為毀是歲之十月告成以次而舉則淑明皇后後宮
信乎其不可緩有吳迺吉者重念毋氏劬勞思所報之
歲在丁巳正月元旦虔心齋戒告之于神遂興工于孟
龝之辛未豎柱于季龝之乙亥敬之至通于神明宜其
所助者衆數月之間告成厥工是宮蘢山外拱其色蒼
蒼龜水傍鎮其流汪汪乃丹爾楹乃刻爾桷乃山爾節
乃藻爾棁其規摸可謂雄麗者矣故位乎其中新棠甘
脈昭其度也幡幢幰華其飾也淑月有謚徽其稱也

孟季有祀蒸其職也其德儀可謂莊肅者矣豈天地剏
物之興廢各有其時此象山之地始為黄菅之瓆廬中
為樵牧之場圃今為神明之宅舍與彼廢亦一數耳傳
曰國之將興神明降之豈不信然天興之者天也成之
者人也非天不因非神不成神非依乎人不能以自行
人非信乎神不能以自福是以神游護以適其興寢
之安母在幽冥得以樂乎侍奉之側列則神賜之言母
死且不朽矣將見千百年香火之傳與天地相為長久
猗歟盛哉此正國家褒崇之意然則殿建于延祐之甲
寅則道士公瑾謀之于邑人毛信卿胡忠立吳廸吉捨

田出財經營區畫已酬恩也原其議創之先則有邑人胡谷寶捐金穀以資其需出財米以供其用捨租五十把以奉香燈不逾夙盟以成其美若夫輸財助力者他有所記予可畧也以其事之本末而為之記云延祐四年記

衕街記　耶巘

夫人之于財積而不知散者恒多晉石季倫之輩是也或知散矣籍以希爵位者有之漢卜式之詩是也彼積而不知散者守錢虜耳固不足道籍以希爵位者雖嘗有助于國則亦有為而為豈君子誠心之自然哉吳公

諱克禮字尚文別號澹庵其先處之慶元舉溪人世以耕讀為業仕宦代不乏人予嘗觀其族譜而知之矣及其祖諱郁者之遷松源也傳之乃父璵兄克義俱以邑庠生登胄監而書馨相承不絕公性朴實勤儉雖若積致富而能輕財尚義有本雖甚約而利人濟物之心則皇皇如也正德間邊境多事公嘗輸粟以助之

朝廷嘉獎授以爵秩而不受雖強冠帶簪藏之篋笥而不服幅巾鶴氅逍遙林泉間功名利道漠然無所動于其中享年六十有九未卒之前凡稱貸于公而未能償者公悉取其券焚之仍捐白金二百兩命其子大璘等脩

[illegible]街道皆出于本心之誠初非欲人感之慕之要譽而
[illegible]也大發粟助道義也修街焚券仁也遠而助邑如此
[illegible]而親戚隣里可知至終猶欲遺澤後世其施諸生
[illegible][illegible]知兒有一善急人之知施一德欲人之感世之
[illegible][illegible]公有功而不自伐有德而不自矜正所謂積陰
[illegible]冥之中而不求知于人者也其過人遠矣彼守錢
[illegible][illegible]論希寵之下式豈可同日語哉且積善之家必有
餘慶惡之厚者後必昌公有子六人皆克承其家其名
[illegible]家者世以易補邑庠生力學無息他日必將大用于
世公之陰德雖不求人知而天獨知之所以報公者不

有驗于此乎雖然覩河洛而思禹見稼穡而思稷吾聞公之好施不特脩街一事嘉靖二年嘗建姚村石橋又越四年重脩西溪大橋皆極規制之良足爲經久之計澤被于人多矣自今而後凡出入往來者由康莊履平地而無險危病涉之患鮮不思及于公乎公卒之明年二月砌街功畢自邑治之東迤而至西抵學宮之前橋凡四百餘丈皆甃以磚平舊迸逶非復舊之亂石崎嶇矣時縣主陳　重其義屬予爲記遂書之

書目

四書　五經

通鑑　性理

世史正綱　資治通鑑

戰國策　綱目

六子書　近思録

名臣奏議　韓文

大誥　大學衍義　蘇文

大明律　山堂考索

大明會典

前書萬曆五年縣正沈維龍新置

慶元縣志卷之七終

續補志

## 慶元縣新建社倉記

知縣詹秉龍自撰

慶元蕞爾邑也跨閩浙上游樂歲粒米蠃餘凶年亦足自給夙稱瘠土沃區是矣顧二十年來生齒日繁兼以水旱相繼民間蓋藏者鮮至萬曆拾陸年大祲飢者枕道本職觸目痛心始焉捐穀百石予之弗給又施粥七日弗給終焉請發倉貸之民始聊生第予粟施粥非常行之政預備一倉雖積穀六千石餘惟時制甚嚴借貸

二百石以上非題

請俟

命下不可矣慶邑距府治五百里府治距會省又七百里會

省距

神京又不啻三千餘里加之可否相參文移往復知非積

月不能而嗷嗷待哺之民安能懸此旦夕之命以待澤

於

上哉無已則社倉之建尤必綢目前之急也乃於城中度

地得陰陽學空基一所周圍可二十餘丈兩傍繚以墻

垣中爲屋三間一爲公所左右置廒以備穀四百餘石

種茶者當為種植即一時未獲其利亦可以為二十年後生養之計又於西成既畢將稻田放旱用牛深犂仍收稻草燒灰和糞俟立冬後播種大麥小麥約計一家幾人種麥幾升則麥之所出足贍半年之用數數之家可以無饑如是則地無遺利人無遺力不出數年比屋充足蓋不必青器香蕈之出而利波及於無窮矣本職自愧菲材承乏茲土叨有父母之責百姓皆吾子也為父母而不為子姓衣食計縲纊之罪奚逭哉此一念勞焦誠不容以自已也示揭之後凡我百姓各宜盡心卒理本職當親自巡行為爾勸課仍令團保長不時稽

杢誠能用心培植不廢生業者即為良民量加獎賞倘游手好閑拋荒業産者定以遊惰治罪故示

劉世延頓首拜

慶元山邑得

公與舊丈

二石丈一時並至山川增色多吳寒族分住
貴邑三都留貴溪小齋所置山塲田土頗多
而劉勝王者國初被人訐告當用重法苛求
之際遂收之實無辜也今其田分十逓年輪
收辦納官民則稅糧山亦因之人占族人及
鄉人見生槃往亦被權姦風旨府官李寶者
勒賣解京旨謂曾被權姦誣告復官補祿布

政司以桐木菱餘二年贖產吏弊奪觧自然
該遣而今太守不知事生目擊
國家在念
廷諍大計遭朋黨非禮非法胡弄而太守毫無
貴賢之意家無恒産以何贍給先世不貪
朝廷之賜今有司之無理責田而貴溪族人謂
祖上有山有田俱分派年與其分派年無故
之得且久莫若清歸功臣贍給不必稅糧於
理於法允當詞惟
高明酌之

中秋日世廷再頓首

李質頓首作

以

令祖輔

高皇帝掃元虜復中原即膺數千里之封亦懋

賞之所宜爾非過也以

台臺之便便言即紹數千里之封亦象賢之

所宜爾亦非過也然予會不得與人燕子

之不得受燕於子會如

台臺所示劉勝玉田七一節既云役官田產

則此田乃
朝廷之田非生之所得專者生忝職兹土非奉
明旨擅以此業與
台臺則是欺
朝廷而附勢矣守土之謂何有違
尊命伏惟
台炤不宣　占田四萬柒千零畝山通縣
重陽二日貿生再頓首

再遷慶元縣儒學記　署教諭事舉人胡若宏湖廣桃源縣人

新建慶元學宫於就日門外城隍廟址之左以崇禎四年正十一月十三日伊始也粤考慶志慶學始於宋慶元三年在縣北瀆田上村迨我朝

太祖高皇帝垂統十四年亦遷縣東就日門外去今建地相望半里許天順間仍遷瀆村後嘉靖初邑城始築學隔城外二澗相阻有咏婦橋屢為水决隆慶三年乃請移城内縣左總鋪舊址麗水何公諦鏜記文甚悉當日首事興造之人蓋亦卜此以為善地庸以仰妥

聖靈而俯育人文也迄今

皇上嗣統二年巳巳仲春余來署學記不惟衙舍鞠為茂草並大成門兩廡鄉賢名宦片瓦寸木俱成烏有　聖宮明堂啓聖僅存柱立余當目擊心寒誰非聖賢名教中人而根本之地忍坐令其狼狽至此越明年庚午秋閩連江陳公新蒞兹土甫下車不勝嗟嘆不旬日即圖脩葺既而擬議不定諸生訝之公云

聖宮頹壞至極蕢寀弗寧豈容少待寸晷但余謁學之日逵觀形勢豈有興賢作人之地而先處下流令溝渠內奔之理且右以譙樓虎昂左則居宅逼人面古墓叢林遮閉有同坐井之觀即決以地氣隆慶至今不為不遠

而科第寥落青衿数不滿百扶輿之不靈可知昨謁城隍廟左有空址坐壕朝向俱層聳秀媚左右文峯揷漢歷來屢遷何以當面錯過今舊學實無土木可因脩葺之去遷建費貲不遠與其因舊勞傷而僅得聊且之計何如更新剏立而大壺永賴之圖所可慮者九邊告警
聖天子日憂不給　上臺奉命催督派額飛檄如雨各行舊額逢抽和搜括殆盡更無分毫可為是役請惟是一邑官民協心矢力聚毛成裘庶统不蹈道旁之築越明年辛未春先申請前任郡守徐公軍所舒公糧所蘇公刑所趙公得允其請適按臺史劉公鹽臺史祝公先後

巡郡閱而是之而分守前任姚公分巡前任王公遂以
兹聞於前任巡撫陸公今提督學政黄公咸報曰可知
縣陳公始捐俸若干給庠生葉應遇先買其址不足則
更買居民張元郎宅基并萬壽菴右空基益之渾成方
境邑中人士為先聖賢抱痛亦久爭書疏簿載出金若
干縣初簽頭首闔邑協舉十人時功繁人少若不逮益
以與其事者六人佐之縣日一巡視余偕訓導賈同典
史楊率諸弟子輪班與事時堪輿吳膺詔達有盈俱得
卜食局面甫開而巍峩氣聚已有龍騰鳳翥之象此地
去洪武初建黌宮寧争多地迄今二百餘年始物色為

泮宮佳境此豈當年草昧初開擇術不無踈虞抑地靈出現有特必巧待於機緣湊合之際耶時將告竣復請新任郡守朱公新任刑所王公新任分守道張公巡道杜公罔不曰如議今壬申暮春聖宮明堂既臻厥成聖宮視舊殿高五尺餘周圍闊三尺餘明堂之視舊制其增益亦如之祠啓聖公於宮後刻鄉賢名宦於儀門兩旁齋舍兩廡俱已成制欞星立門護門屏於門外儒學左坊題騰蛟右題起鳳泮池在欞星之内盖黌序應有者俱依制創建是役也以庚午仲秋建議辛未孟冬經營壬申孟夏粗成極黝并縣聖之麗固不日而可

覩者時庠生欣欣相與樂成徵記於余正盐臺史李公

涖任期也余惟以我

國家稽古造士得才為盛今

皇上察倫貞化詔迪膠庠不啻諄懇頃者國步多艱厲氣

犯順所推轂折衝禦侮出將入相者詎非庠序中人歟

官先事士先志昔孟子曰尚志論尚志曰仁義又曰士

窮不失義達不離道士之所以為士孰有踰於此者故

建監廟貌使先聖賢之威儀不替者尔父母事也建監

仁義使先聖賢之根基不墜者尔諸生責也尔輩誠求

所以善事其志而於窮達也無隕穫無充詘無時義與

道焉則其措之天下國家益精明卓偉蔚然足以名世
雖茲學且賴以不朽諸士其毋廷視僉言哉陸公諱完
學劉公諱士楨祝公諱徵李公諱宗著黃公諱鳴俊俱
以按臨中請姚公諱允濟王公諱庭梅徐公諱維藩曾
經批允勉諭而張公諱泰階杜公諱喬林朱公諱葵舒
公諱自忠蘇公諱萬民王公諱明汲陳公諱國璧則所
賴協力克成厥終者也時訓導賈諱應忠典史楊諱復
聖皆共相趨事例得附名以勸不朽時崇禎壬申記

督建學緣首十六人引

十人捐貲經商貿易、一人握衡、権子計毋、則入數必倍九人、為交不如為家也、伯仲叔季、合遺橐市販出入之數委諸伯兄則仲叔季弟獲利必不如兄為家不如為身也、況以一邑公務、不惟無利、而且有羈妨於家若身、至不愛頂踵、不避德怨、而矢心協力趨赴之、恐後乎慶元建學自崇禎四年秋、邑侯陳公採之衆謀簽排年、周世紹鮑德祥吳汪吳道光吳道文吳廷誥吳邦僙姚國彩葉廣生陳光大十人、鳩材督工、所領諸疏銀兩、矢天白日、纖微不苟甚且先自捐貲以填不給、不數月而聖宮明堂基柱成制、越明年春、以功繁人歎、周旋弗逮、復請於侯、增參姚從讀業啓呂業春色業任生吳逢烈業春郁六人共襄厥事、惟兹六人、亦罔不探公竭力、無問昕夕、不數月而事將告竣、由是互相勸諭曰、世人脩造浮屠、合尖偏易、豈與千古文靈而釋菜之反難耶、吾輩不極丹黝綵堊之觀不已、勤劬盖益力爲、余素悲世敝偶感於是役、而因嘆此十六人者、豈其渙散無局浮梗不根、借公後延隙者倫哉、俱皆世族里首、百畝之基且自營不暇、乃此倡彼和、樂趾不疲、解囊無吝、何視身家之猶後、而視公務之獨急耶、善哉邑侯陳公之勸民樂

輸也、其書
學宮之䟽尾曰、惠州有民、恨不識字、置
聖像焚香祀之踰年、生子頗慧、以文學貴顯、汝等雖厚薄
不同、亦惟隨其力之所至、率毋以義讓人而為惠州所
哂、夫輸財以助學、當然之義也、陳公書此以為諸民
勸、𥅾、財而並竭力以成已然之功也、余敢述陳公之語
為十六人劵云、雖然、主明則臣忠、父慈則子孝、此十六
人者、固其秉心素厚、亦其邑侯陳公為士為民實心實
政有以感之、斯不愧為從化之民耳、噫、從化豈容易哉、
昔

皇明崇禎伍年孟夏楚桃源署慶元縣儒學教諭事胡名宏撰

縣令

沈維龍　福建南安縣人由舉人萬曆三年任

陳九功　號讓所江西南昌人由舉人萬曆七年任調繁麗水

史著勲　號友岑廣西桂林人由舉人萬曆九年任陞紹興府通判

黄文明　號圖南直隸懷寧人由選貢萬曆十二年任

詹秉龍　號潛菴福建泰寧人由選貢萬曆十四年任

周道長　號峩川四川成都人由選貢萬曆十八年任

鄧建邦　號星寰廣西全州人由舉人萬曆二十一年任

李質　號戉冲廣東朝陽人由歲貢萬曆二十五年任

熊懋官　號今是江西石城人由舉人萬曆二十八年任陞福建漳州府通判

沈立敬　號瑶寰南直溧水人由舉人萬曆三十年任陞四川叙州府通判

張學耆　號正宇廣西平樂人由選貢萬曆三十二年任陞四川貞安州守

陳鍾琱　號印初福建惠安人由舉人萬曆三十四年任陞廣西思恩府同知

潘學孟　號鄭如南直六安州人由選貢萬曆三十八年任

郭際美　號潞中江西萬安人由舉人萬曆四十一年任內卒

汪猷忠　號靖吾南直江柳籍歙縣人由[illegible]人萬曆四十五年任

縣尉

孟迪　南直徐州人

黄仁先　江西臨川人

徐行道　江西豐城人

王圖久　南直霍丘人

王寀　南直冊徒人

俞一治　福建大田人

蘇仁愛　南直石埭人

謝惟顯　江西信豐人

汪雲鳳　南直舒城人

陳紀　江西安遠人

王國才　江西樂平人

李忠遠　直隸懷遠人

周光乾　江西上饒人

張春芳　福建寧化人

學博

掌教

徐顒臣　浙江永康人由舉人陞福建沙縣令

徐文　南直吳縣人

謝承聘　浙江於潛人

韓仕明　湖廣光化人

吳逢堯　江西餘干人

張萃　廣東博羅人由舉人陞北國子監學録

葉文懋　浙江龍游人由舉人陞北國子監學録

葉夢熊　江西柳昌人

楊開先　山東商河人

黄中理　江西德化人

俞沛然　浙江建德人

周　淳　南直蕪湖人

夏舜臣　浙江建德人

分教

胡鳳陽　四川榮縣人

謝子蕙　浙江建德人

栁鳳儀　浙江建德人

駱問學　浙江諸暨人

徐應斗　浙江蘭谿人　餘姚

方應卿　浙江安吉州人

孫祉遠　南直豐縣人

侯綬　浙江德清人

鄭重　陝西西寧人

𥙷闕員

陰陽訓術

吴宗貴　本縣人

姚晩　本縣人萬曆叁拾伍年擾授部選

慶元縣志輯


醫學訓術

吴承華　本縣人

人物

甲科

吳桓

登熙寧庚戌進士宰長興子彥申四女俱適名族封夫人延平楊公時有撰文李公綱乃其外孫也

吳彥申

字聖時自幼力學日誦數千言弱冠以敦行為尚居長興憂廬墓三載未嘗一日離宋大觀中詔以八行取士鄉人僉以公薦公辭不赴轉薦瑞安令吳逵人服其高政和中第進士累官南昌丞所至有声事見其甥李綱所撰墓誌

吳昇

登宋熙寧癸丑進士教授夾州儒風丕振轉潭州教授時學士翁彥深知其為名士謂之曰以先生學問操行于今稱上流縱未起用且宜居太學師儒之選以範多士何為逐隊遠方況湖湘哉公笑曰吾道固如此其事求之耶他日再

見則出一編書以示彥深曰吾欲以此書干丞相范公也彥深私悴其前後語不相類及讀其書則以至公大義責范公不能用正才以興起太平之業徒取當時法度紛更之蓋公持操類如此

鮑畢 永樂甲午科中浙江鄉試乙未會試進士授南禮部儀制司主事龍泉籍慶人

胡倖 嘉靖戊子科中貴州鄉試己丑會試進士授行人廣西儀衛司籍慶人以上放補

鄉科

姚英　隆慶丁卯科福建鄉試中式授廣東博羅知縣陞廣州府同知浦城籍慶人

姚文焻　萬曆壬午科順天鄉試中式授四川眉州知州陞順慶府同知進階四品

## 貢選

李海　弘治丁巳正貢在前卷吳盛之前今補

吳子直　任福建晉江縣主簿

李良機　未仕

姚文温　萬曆壬午科順天鄉試中式改名文倡

葉廷祥　選貢任福建尤溪縣知縣

吳文淑　任福建延平府儒學訓導

吳文源　未仕

姚一蘭　選授訓導

李淑明　任直隷無錫縣縣丞

吴世勲 選貢任廣東廉州府通判

姚文汀 選授訓導

吴慶會 選貢初任廣西平南知縣改選湖廣漢陽知縣

周時佐 任浙江餘杭縣儒學訓導陞江西永豐縣儒學教諭

周一桂 任浙江武義縣儒學訓導

胡津 恩貢任廣東高要縣儒學訓導

周宣 任浙江於潛縣儒學訓導

吴廷叙 任浙江常山縣儒學訓導陞[illegible]教諭

吴溢 任浙江浦江縣儒學訓導陞浙江仙居縣儒學教諭

吴敎倫 任浙江餘姚縣儒學訓導

葉二陽　未仕

陳益國　浙江平陽[illegible]

吳芥　歲貢

葉應選　歲貢　葉[illegible]　茶陵州判

葉咸章　天啓肆年歲貢選授福建延平府尤溪縣縣丞

太學

吳敏原　任直隸山陽縣主簿

吳儒　任鴻臚寺序班秩滿封登仕佐郎陞應天府江寧縣主簿

吳稷　授按察司經歷

吳承宣

葉芳嘉　任雲南徵江府經歷陞長蘆鹽運司經歷

葉銘　任福建都司副斷事陞雲南都司正斷事

吳俸　初授山西布政司都事調大同行都司遼東都司都事撫夷轉陞廣東瓊州府撫黎通判

吳承教　任廣東按察司知事

吴　伸　任陝西苑馬寺開城監正

葉自立　見任直隷天津右衛經歷

葉養洪　任福建将樂縣主簿

吴承亮

吴應球

吴言儒　任直隷壽州衛經歷

周　徹　任直隷保定府衛經歷

吴逢點

吴　化

葉三陽

吴晚
葉自嘉
吴絢　授鴻臚寺序班
姚夢熊
吴南明
吴晋明
吴鳳起
葉春盛
葉自超

掾考

姚守謙　任廣東布政司廣豐庫大使

姚啟謨　任河南固始典史

姚啟善　初任山西太行驛丞陞北直藁城縣典史轉湖廣寧鄉縣主簿內艱後除南直

葉廷擭　任江西大庾縣典史

李時林　任北直河間府閘口驛丞

張孔正　任江西定南縣典史

吳思謨　任江西吉水縣典史

葉忠　任江西東鄉縣縣丞

吳自謙　任南直鎮江府照磨

姚大齡　初任山東長清縣典史轉廣東茂名縣縣丞未任內艱復除南直清江縣縣丞

吳起英　任南直寧國府知事

吳登名　任廣西思明府經歷

倪養讓　任四川成都府中護衛經歷

楊應元　任湖廣成步縣典史

吳思謙　候選省祭未仕

姚守善　任江西南龍縣典史

葉初華　任廣東蘭馨塩場大使

吳渙　候選主簿

吳思訓　候選省祭

姚國瑚　初任四川廣安州鄰水縣清軍主簿
陞福建漳州府鎮海衛經歷

葉常秀　候選府照磨

吳登朝　任南直霍丘典史

葉長芳　任陝[illegible]州縣丞

葉自章　候選州吏目

葉自嶧　候選典史

周良銘　任廣東[illegible]典史

吳衍慶　任湖廣光化典史

周郁　候選主簿

周郭　候選省祭

吳逢燻　候選省祭

葉春茂　候選省祭

趙應宣　候選省祭

吳登嘉　候選省祭

周時惠　候選主簿

吳承明　候選省祭由前列今改補

貤封

吳崇煦　皇祐元年以子毅贈大理寺評事

吳毅　以子桓贈承事郎

吳巋　以子兟贈左朝議大夫

吳彥持　以子孝友贈承事郎

吳世雄　以子淇贈廸功郎

吳詢　以子巳之贈承事郎

吳彥常　以子季賢奉太后還朝叙封成忠郎

以上俱宋朝前卷失載今補

敕曰朕徽惠
兩宮施於廷列士沾一命咸獲褒嘉矧爾膳羞之職夙有
供奉之勞者乎爾光祿寺珍羞署監事吳蓋發身胄
監備秩寀司而爾操履弗踰靖共靡斁會兹慶典宜
獲褒章兹以覃恩授爾階脩職佐郎錫之敕命朕方
約已節用期以裕民惟是經常之需不可以已爾其
為朕袪冗蠹以詔厥長欽哉
敕命
萬曆十年十二月初六日
之寶

制曰夫士之分稱州大夫其親民視令其領屬視守重矣有能上承下率居中而奏循良之勣豈不賢哉爾四川眉州知州姚文焻朗潔風規宏深醞藉掄自賓薦畀以專城惠此四封于今三載蒼倪戴其雨潤黠吏憚其風稜課勣程勞厥在高等朕已擢爾順慶郡丞而所司循以歲閱求聞是用授爾階奉直大夫錫之誥命夫州刺郡丞體即稍異職在理人均耳才足辦州何難郡哉况而地所治皆蜀民豈惟爾習知民俗民亦習聞爾名未聞上下交相信而不能臻理者其益紓遠猷襄爾長史以終乃茂績予則顯陟爾

制曰昔魯人德僖侯頌其令妻為侯燕喜州牧故仿古侯
職厥有令妻可不體民情而賜之褒綸乎爾四川眉
州知州姚文焗妻吴氏柔貞賦性淑慎為儀恪脩采
藻之模克賛褰帷之治宦轡彌顯壹政丕彰是用封
爾為宜人無忘儆戒游迓休光
萬曆二十五年九月十七日
勑曰國家資扞禦之士爾人子蕭啓佑之功故遡績褒崇
厥有常典爾蕭璞乃天津右衛經歷司經歷自立之
父篠真邪耀積善有徵詩禮夙聞於庭闈型準雅孚
於鄉曲考叅幕之良才昭弓冶之懿訓是用封爾為

徵仕郎天津右衛經歷司經歷初膺寵渥益衍壽祺

勅曰人子捧檄則喜列鼎則悲凡為母也肆展采方殷而音容莫即慇章所勿靳已爾陳氏乃天津右衛經歷司經歷葉自立之母婉有令儀雅多淑行敬順式章於筐筥愛勞並顯於機絲嘉武垣之奏功望護堂之遺軌是用贈爾為孺人被此明綸慰爾幽惻

萬曆四十五年九月二十九日

勅曰國家衆建戎衛參設幕寮凡以綜覈簿書協贊謀畫襄武弁之不逮也矧天津要害之區所備戒尤重乎爾天津右衛經歷司經歷葉自立業振成均謀資帷

悾肆攄功於遼左爰晉秩於天津而爾岂資淑慎才諝優長清修益勵於操持敏練夙閑於樽俎部無曷律士罔嘗心可謂祇爾敘典茲以歲閲授爾階徵仕郎錫之勅命方今承平日久人懷玩愒矧虜氛叵測毋懷不忘爾益綢繆徹土蟠朕内順外威之烈將顯

陸汝欽式

勅曰夫戎幕位不稱膴而祿入亦微士能守官祇職内無徧謫閫德茂矣疏藁可弗逮與爾天津右衛經歷司經歷葉自立妻吳氏姆儀夙諳婦順明章徽切鳴環勤中珩璜之節勤宣儆弋力襄干櫓之猷爾夫奏績

爾寔有勞是用封爾為孺人六珈祇被四德爾虔

寶 萬曆四十五年九月二十九日

恩廕

吳世美　以丈昇三奏恩澤授將仕郎

吳孚立　以父翊恩澤授官初授臨江軍司法歷知秀州海鹽縣事

吳彥舉　以舅季承遺表恩奏從正郎盧城縣尉

吳　蒙　以外祖魏直閣奏補將仕郎

已上俱宋朝前錄失載今補

貞節

季氏廉州別駕吴麟洲之母也孝事舅姑歲二十二寡以栢舟自矢撫藐諸孤艱苦萬狀單偕幼婢寿奴辟纑伴讀有和丸晝荻之風歲戊子玄冥為災一隅湮沒殆盡屋宇盡付波臣獨夫柩尚存孤兒弱孫俱無恙恍然有神呵護之衆駭為賢孝之報云長子世銓側出撫之如已出竟食其報家貧堅心扶弟讀書世之所罕聞者卒為一鄉善士次子世勳由選貢任廉州府通判號麟洲君官為廉吏君家為孝子微母之庭訓不及此且其孫太學生鳳起庠生鳳翔輩彬濟傑出皆季氏賢孝貞節

之餘慶也

葉氏監生吳化妻年十四于歸事病姑稱孝居常嗜詳列女傳三抹懷嬴之名夫肄業罹病嬴歸氏請處別室藥餌因姑以進已則旦暮祈天願以身代夫甚憐之欲聽自適氏誓以死從及化故哀號不絕口數求自經家人百勸不能解迨議為繼子南明迎兒媳於陳氏因而強飯勉為色喜者旬日夜半復用衣帶潛縊衾中保母覺而解之瞪目言曰汝輩誤我幾負盟矣遂碎二甌絕食七日一慟嘔血而死時年二十有一事見

按院李 類題烈節本併駱司教撰殊節傳諸名
公有詩

詔旌完節坊在大濟萬曆二十九年為吳化妻葉
氏立

善義

吴道揆大濟人嘉靖二十伍年造城奉文價買慈照寺田貳拾貳畝慈相寺田叁拾貳畝伏虎庵田玖拾肆畝以充城費城完田悉歸還各寺而不責其直又萬曆元年奉委督造儒學役捨田叁拾陸畝除差歲餘租銀肆兩陸錢徵貯縣庫積備修理學宫縣正朱申詳道府累旌義之又磚砌濟川街至今路人德之府記

吴濤薦州别駕吴麟洲之祖少業儒輙以古人自

期訓子若孫學希聖賢循理守法不少寬假僉舉鄉飲每以涼德固辭族侄　緣庫守負粮伍百金法追僑極若楚踰久莫抵溥擯舉得金壹百伍十両予之奏賠得解其人啣恩尋毀券用償溥云我望汝報決不代汝竟不受及壽古稀親友有為慶者溥曰我必不願揚老無樹德安敢言壽請辭蓋其醇朴謙厚其性然也尋捨田四十畝入勝因寺永為香燈本寺立像祀之

吳塤別駕吳麟洲之父以孝友聞燕介不為剝夾

堂叔太學生吳怡乏嗣諸姪子爭立論昭穆塤應

承繼嬸姚氏亦頗得子之墳曰夷殯遜國豈異人事堅遜不嗣姚氏分金叁百兩并不受

季廷瑞無錫少尹李正吾之父瑞公字子祥西隅人資性明敏提躡經史義方訓子成立且善事老母順其志養寡嬸堂弟不致伶仃更敦尚兼鄉人有父母者教之孝眷有兄弟者教之友恭宗族鄉曲雍雍和睦疎財不吝凡遇荒歉每每借濟

葉荷雲南司牧葉盤石之父荷公字立鵜東隅人秉性渾厚尚義好施隆慶元年見九都竹口浙閩衝鎮衢衢殘砈獨貲以磚易石周道坦平往來德之

己巳學遷縣東僉舉肩任董工事竣奉
縣主朱公以嘉奬其功給授冠帶

吴著賓傳

余署慶邑民風土俗渾渾噩噩無殊古初徜數休
哉淳龐景象信余而覿也弟余結納太學吴春宇
松源世家石橋吴君之長孫余以通家往來稔知
乃祖石橋之為人立心純一制行端莊孝友仗義
簡朴自持不事功名涉獵子史百家諳練世情物
故縱有紛然沓至舉其端緒即窮顛末無毫髮滲
漏焉撰厥所自迺建城令宿州同宦裔所鍾乃爾

備嘗耶且孝義素積未能竟施迨後剏祠纂譜建
橋砌道賑䘏助塟種種懿美爛焉足術斯為當道
推重屢薦賓筵屢辭不就前任
周侯愈見芳躅暨學博弟子員登門投刺諄諄懇懇
不得已而應之是德彌卲而年彌高復加冠服徵
其善行所以蒼蒼不食其報者亦必祥發其后而
簪組不替矣余言不文敢著其猷為而傳之以垂
不朽云公諱葢字惟守別號石橋

楚郡丞龍丘葉文懋贈

鄉飲大賓　萬曆年間爲始

葉溥　葉龍　陳祚

吴禋　吴大豪　吴伯齡

吴伯始　吴子直　周時冕由典膳

周時敎由儒官　吴大珪由壽官　吴文瀚

吴光由儒官　葉世卿由儒官　姚文汀

吴文淑　吴叔原　吴承教

姚文焻　周時佐　吴倖

葉銘　吴世勲　吴言儒

周一桂　葉蒼洪　姚啟善

季叔明　吳廷敘

鄉飲介賓　萬曆年間爲始

吴榮義　周鰲　夏護
陳計來　楊呂　陳遜
葉廷潭　葉尚志　吴應宿
吴應守　周烈　周召
周栢　周照　周時行
吴益　吴旅　吴艮
吴挺　吴澤　吴時明
姚編　夏賡　葉尚晦
陳益亮　葉向　吴滔

周　邦　葉　蘇　葉　燧
鮑　京　吳　鋭　吳蔡洪
吳子明　周子傑　吳　燿
葉　尚　吳承華　葉應端
葉孔嘉　許　琪　吳　儀
周　雅　鮑尚彩　楊　郁
吳　綆　王計縮　項　春
賴金主　葉應喬　吳　煥
葉自芳　陳　懲　練計佐
吳　徽　胡尚禄　姚　松

藝文

素玉行有小引　　暨餘周希文撰

不佞之入成均也與慶元葉仰川君雅相習居恒道其壻吴君化多奇節自南雍輿病歸三年床簀間矣將以卒業旋省近狀已而壻女相繼訃至君涕零語卒故余大訝謂君即若云三年牀簀間者耶貞奇矣既得邑博駱公所為傳讀之三嘆何物女子乃能若是勉綴歌行顏曰素玉用勖貞珉為風化標幟

瑞婺隱隱括蒼間孌彼季女共美賢紅顏如玉德亦

玉名以命之是曰琰讀書品隲鏡千古翩翩意氣凌人前妙齡十四脂車牽吳君倜儻正芳年羅帶同心相締好頸學雙飛比翼鳥鷄鳴昧旦互叮嚀視膳朝朝寧卜早瞑之吳君鼓篋遊勉之愼勿虛春秋臺駘實沈昔爲祟成均撤業遽歸休禱人茹茶謝膏沐三年藥餌躬親投籲天未必身可代蹇蹇緣眉切切愁涕零幾度不敢揾好語寬君君勿憂爲問餘生作何許歛袵指心淚如雨君亡妾亦未亡人松柏歲考蔦蘿死落花解頸條上心頸以苔魂逐君子歡聞大笑復何言感君誼兼金石堅

緘書尺素瞋雙目遺言二字裹惓惓璠璵一玷不
成乜素玉為姿璞始完感柎烈婦腸逾斷玉碎猶
勝竹危全絕粒捐漿仆更甦形癯肌栗麻楷枯伏
柩七日不得死隱隱哀鳴泣鷓鴣憐姬群慰不復
顧曰予偷生何為乎美人沉土遑足惜惜哉鮮祀
音容無爰將遺像冊青寫水勺入口色還赭繪人
描得叨恒形難描錚錚鐵石者鴻毛一擲血食誰
承桃攸寄南明也有男伯子已子同有女纖纖任
孤筑一生舉措禁如是莞然一笑歸洪濛郎行未
久妾遄往遲遲旌輀促廼從栢舟矢誓竟靡慝二

十嬌姿輕棄擲白日昏蒙地震驚鬼神夜半爲伊
泣載道口碑述異聞一念豚魚天地心蠢愚知勸
搢紳喜當道應須達
帝閤
帝曰旌之付史局金章玉色照西崑

錢桓

吳君已作修文客阿娟并爲泉下身正氣妝未老
海嶽芳聲到處媿秦嬴惟求一死如初誓不歸變
肎事別人太史察風應見秉直教千載蔿溪蘋
雲間柴本巖

不負生前約甘從地下游臨終延頃刻強起繼箕裘烈性凌霜日貞心過栢舟自今彤管傳金石此長留

寶溪呂邦耀

不圖偕老只三年腸斷心摧哭所天肯作未亡歸日後惟甘同死誓生前貧容絕食紅粧減慷慨捐生白璧堅誰識女工書史兼共姜節並大家賢

五雲李鋕

矢志殉夫拾素帨九泉雙璧尚含輝寧遺弱女孤無倚敢逐幽魂頸不遑孀户蕭蕭悲似寄夜臺漠

淚棖如歸捐生慷慨誰云易比嗅江郎節自稀

瓊臺林　震

分飛黃鵠恨當年矢志巾来肯二天一壽夢鎖窓風雨後雙晉高塚夕陽前此身終擬血為碧欲化猶疑石未堅問俗已餘彤管在品題應並栢舟賢

文埜牛大綸

熱山人是玉太　素天然妝奩歲歸君子齊眉敬孟光藁砧旋遘疾桃簟安剛腸吊古羞嬴女從終擬共姜顏天身請代誓日頭同藏三載親湯餌絕旬絕粒漿卜婚憂祀隕皆色憐人　旁慷慨非難死從

容但求亡柊殿何烈烈摧棟感蒼蒼死所應長笑

生人徒爲傷片一偕契濶隻手撑頹綱孤節標千

古旌書下　九閽扶輿壯顔色寶録儼冰霜素玉

終爲碎叅紅犹自光鬚眉而死裂七尺空昂昂

瓊臺黄壽之

矢志從夫及笄年藐孤将母一身全半生遺恨艱

危就九死成言慷慨揹淚眼未乾先化石音徽犹

任巳無絃輕塵弱草争何事一段綱常百段煎

關中羅秀士

松巖繚繞足雲烟五馬光分閨地賢肯爲花香仍

綠鬢甘將玉碎苔黃泉存孤但使還先祀化蝶何妨正少年別有繪圖傾史筆龍章應落鶴山前

秀水沈應麟

早辭白日即幽臺一片貞心萬念灰黃壤有盟尋鳳侶青春何意惜蛾眉波流砥柱狂瀾障風雨雞鳴大夢回玉碎花飛生事盡綱常千古此中培

以上葉氏貞節詩詞

題文昌閣一律　閩錦田陳鍾琄

別駕儀陽吳先生剏建文昌之閣既成招學博葉方二君不佞鍾琄相與讌飲而落之漫賦一

律無以致謝

疊閣崔嵬四望開中天紫氣拂雲来几時絕頂凌霄漢誰把孤高獻上台倚檻煙霞當戶迥啣盃花鳥逐人迴美君創起千年事媿我登臨非賦才

題吴母安人懿貞一章并序　　閬中羅秀士

吴母李氏處士吴墳元配諳大義夙負遠識蚤寡時年二十有三獨計吾之節不在以身殉惟是夫所貽之担正在以身肩故不辭延喘茹荼用撫藐孤辟纑以佐晝荻尋伯子世銓嗣興誼高月旦仲子世勳登明經選為郡別駕以清白籍甚粤中諸

係繼起文彩陸離衣冠蟬聯皆毋煉石之力也此
與以捐軀明節漫無補塞者不翅星淵矣

勛岫靈鍾閩地貞綱常千古寸心擎祇緣先祀縈
遠識自合諸艱寄一生霜節肯隨朝露霣熊丸看
鑄玉麟成從茲奕葉紛蘭桂好對夫君到九京

粵東李天培

栝中河嶽萃貞奇貢俗由來重閫幃勁節松源凌
雪霰高標龍石峙崔巍波臣呵護通玄感斷識巖
巒自古稀太史採芳婺德耀鳳毛麟趾倍增輝

旌貞女葉氏并序　　關中羅秀士

葉氏許聘吳良彩未娶良彩病故葉氏誓以節終
因家于吳毀容耳濟屹不可奪尋爲良彩立嗣繼
絶大有造于吳非僅以節著者故有此賦

玉佩清芬絶世緣孤蹤塵外即神僊何曾輪御周
三度便許荊簪到百年妝鏡慵開眉黛月箕裘從
闢蓁砧天世無紅粉不黄土獨爾託心在簡編

羅公字廷籲號文台陜西鄠縣人關中文星也佐栝甚
有清望且今文古文兩擅所長尤長于詩賦爲當
道所推重萬曆歲丁巳署慶元篆甫四月而士民
頌之如出一口其題吳安人懿貞并貞女葉氏前

詠太學生吳化妻葉氏貞烈諸詩雅以風教為重
則羅公之人品政事卓越益可見矣
戊午歲夏江獻忠跋

百丈山謁馬仙貞祠　閩中羅秀士

盤路欲窮處諸賢聚眺時連山控閩海鳴瀑浥仙
祠飛稜石傳異拂正松有知雨中天闕逼桂樹影
參差

濟川景圖賦

既闕分土松源誌鄉漢魏兮鴻濛唐宋兮啓疆寧
帝錫寶氏族方張人繁物夥大濟叢祥濟爲稱大
山迴澤藏地鍾其嵒氤氳莽蒼人赫厥靈豹隱鸞
翔司馬授簡奐鵠數章邑距五里而近山谿邑爲
金湯陰霞帔陽堆谷岸嶼夷其皇陸前白蓮後白
鶴旖檉拂于阿曲逦若天馬岸嘗于霄漢冠頂巍
峨于亭毒積淙于僧嶂重巒之巘迸泉于崗玉懸
巖之蛋澗石噴綺怒濤奔泒矯乎若長虹之朝隮
流瀅皓乎若明河之下傾而淵湃星懸珠網月對

金鋪瀑布滚滚以垂素而風剪剪而散繡馳波跳沫悠遠瀑徐曲折湃湍細流與俱然後滙為清泓轉為迴瀾分燕渚出龍潭千溪萬壑而西為赴海之端此大齊之一可望而邇也遂名望濟羌董堂之崗黄泥之背囬龍内為梓門鎖黛東曰儷桃茂木嶺蒼萁谷峯逵之翔化冊峴寄乎儷踪西曰董錦對峙豐嶠萁梁隨乎天伏三橋架於長空市垣聳文筆之奇輔疊頴捲旗之峰環四面而揖拱合二水以合朝宗延袤還帳外綿内疊其土則用青白坿礦錫金銀其石則玄礪珷玞玟瑰琳瑛其材木則

蕙圃蘅櫊射。于芸窗棋茵句徽杜蓮菰菘豫章樓
杉椒桂梨桐其異類則鶯鷳騰遠謝豹鵁鶄熊羆
鼉鼊蝘蜓螭蛸奇翠朱鵜翬翟翁共觝衆物居之不
可勝紀其遊觀則曲欄危榭怪石芳池雲承綺棟
霓舒繡楹清泉過于中庭南芝産乎蓬藋情暢意
怡東皋西畦原隰曼衍竹篁蒼潢汗夏熟黄雲秋殖
嘗庚時瑁筵脩龍劍佩珠履清風滿座玄譚揮麈
詠詩清歌酒清殺香擬四方之賢俊峨章甫而曳
華裾摛華染翰錦心繡語此都嫺博大之高致也
盟濟之名宗貴士有之雙桂攀龍溪流瀰瀰朝絃

慕誦家詩戶禮執讓撝謙鄒魯之邸襲六加七策勛帶里聯軒結駟簪纓濟此人文彙征之泰作也望濟之儒紳後髦有之四術九達跨闠帶浙白叟黃童鴈行驢列春祈集萬饗之旗鼓編旺絶遊冶之極蒲男舉趾頌禱纖姹丘之鷺羽不枉懷春之志士何慕敦本尚行相友相助憂息發作條寸其戶此淳龐古始之遺俗也望濟之父老子弟有之於戲斯民也三代之直道而行也語云少成若天性習貫如自然故民有時澆而獨醇時兇而獨賢豈其本性之獨異矣亦風氣之相沿嘗悲歷帝之

樓臺不久瓊瑤之甃不堅峙澆時宄孰豎濟
之材龍抱樓而喁喁擊壤之堯天緣是知厚薄之
攸辨矣辭曰高岫兮神樓危甍兮銅鞮毓賢兮犁
冐素封兮連畦鳳凰苞兮麟纍趾芝之有苗兮椿有
萬溪含碧兮天與下出慧空兮月東西後賢嶙峋
兮絲綸蟠龍蜿蜒兮雲雨齊吁嗟樹德兮蕤山
川之靈秀人傑兮際元會之昌期
知本縣事閩清源沈維龍撰

學田記

國家興禮右文自國學達于膠庠不以綦遠廢也而善後之圖寧無足稱德意者哉稽宋慶元三年建邑學在賣田上村國初遷就日門外天順復故址嘉靖間建城因溪為池學留溪北師生艱阻邑侯朱公請移建縣左耆老吳道援總在其事八閱月而廟貌如故道援於是有遐思也謂歲月久而風雨交薄之能弗漸逮於圮乎圮而弗戢肅思蔦日之謂何縱戢之而取給則曰虐徵民則曰瘠甚非所以為長久計也請捐己置田租如干石歸學為戢

商賈邑侯義而咨之具言丙午悉發奉檄出數百金貿慈照慈相伏虎三寺田貳百畝築城城畢而悉以田歸三寺不責其金斯歸學田即曩時歸寺田一誼也邑侯盛義之奏記郎伯及守巡督學三道俱報可命旌其廬立石為勸復慮田歸學而粮税不足煩縣官就下督二角三甲五户收畝輸國税外歲上羨金肆兩糴穀貯縣庠視商所把戢之數雖鮮寡而積銖成鏹積鏹成鎰以登于什百不加賦而道給後有魁穎冊豈不越尊俎而維薪之道揆氏之思始斯矣來乎其圖之也夫芹藻可采

則弦誦迺與是域士與養士誼亦一也彼侵尋鞠
茂安所得道揆氏而籍之哉曹謂夫子道適萬世
而揚厲在人着存在庙迺今群師儒衿青義新標
而善後之圖又足以稱
國家古文意所以揚厲夫子之道而道存則庙存然則道
揆氏以其田與庙貌俱不朽哉
萬曆元年癸酉冬拾月教諭毛存奎記

寺田記　武林許仲譽

吾嘗讀吳翁捨田遺書而歎吳氏世載其德也傳
有之樹德莫如滋迺吳翁始驧田以樹德繼又捨

以滋之而其子益培之吳氏之德厚矣蓋松源初未有城也官守無備帑藏單露而捍禦無所憑非所以示有備也於是陳令議城之而版築土功未有出也則令斥寺田以供之夫慳者謹橐裝以匿富厚而貪者務滋植以怨久遠於是有避者亦有買者而吳翁捐厚貲焉則非務植也彼其意以為吾君以百姓之故憂吾邑吾役吾力之不暇而剏吾貲之足恤也乎哉苟社稷有衛風塵不驚上以副吾君之舉而下以寧人且也吾與二三耋孝朝夕寧居與而無失耕鑿也吾儕多矣而吾貲之足

恤也乎哉是故吳翁之聞義而動者也邑城矣人
安矣而吳翁有深思也以為吾妄意以憂人之憂
助吾存以成城之故令寺僧有枵腹之憂也寧人
之謂何夫寺也
高皇帝所存以祝釐而勸愚者也而忍令其寢湮耶則以
所請原田慈照者歸之慈照慈相者歸之慈相伏
虎者歸之伏虎俾庀薪水焉而名曰此先志也吾
先人寔能旋之於橋道無不葺而吾容忘之唯是
朝夕之供吾取之隴畝而足也而奚藉是嗟夫是
吳翁之始樹德終滋之不已厚乎然吾不難吳翁

之樹德而善吳翁之善為德欲助成城而不欲令其君取無名之供則請寺田而助其成以備人欲返寺田而併泯其樂施之名則託先志而後歸之以養人推其操柄於太空而不尸曰吾無所望徼福也超然哉翁既捨田而遺之書志不欲子孫有所侵亦欲寺僧食其施而無侵於勢力乃其子伸持是書走武林而要余為之記以示久遠可謂善承其志而益滋也予故樂為之記而書其田畝金錢之數于碑陰萬曆癸巳冬記

濟川橋樓記　上海潘允端

古有聚有壁閎麗者有譙所以慎封守而嚴保障也濟嶺之麓逕以溪渡溪以橋名曰攀龍圯且未稱嘉靖壬子温九吳公更新之甃石礱圯而穹窿坪覆通於四行建亭其上時公年四十矣暨于懸車復憫故衢礉然歆渟命子鴻臚君儒都事君俸庠生仲化相與去其磈硊易之甎自攀龍達雙門延袤數十百丈周砥坦夷以視以穫前昔未有也甲午子俸從仕西晋役我東吳年亦四十而父則違世矣燕之咫尺不遑拜母瞻嶺雲而次骨聽皇路以涕潛迺遣僕夫驗俸金如干鏹沿橋亭而建

樓前扼溪塹傍施櫓堞繚垣迴檻而額之所以存
父千澤而祝毋台祺也有事為封堠無事為里塾
即之若城郛而瑞煙凝靄毓甍雲屯為堡為譙而
封守以慎保障以嚴後有行旅憩息者農樵暑雨
者冠蓋鳴騶而延攬者遡歷念勳而知溫九公以
知都事君其將與斯橋斯樓俱永哉
萬曆貳拾叄年乙未季春朔記

濟川吳氏祠記

古者建邑立宗尊尊親親垂拱而治臻綦隆宗法
者也法廢始譜以聯之祠以萃之所係尊親追宗

之典至深遠矣吳祖唐諫大夫與其弟都巡公避
地永嘉遷松源望濟傳大理公新州公都監公忠
翊公學録公威儀公或戢難救邦功在社稷或創
過乱略德在黎民逮我
皇明主事公而下作者繼起敬七公克追遐軌脩祖壠立
祭田睦族收宗興務不倦其所未遑温九公道揆
復起而成之癸未獨脩先譜乙酉偕姪晋敏述暨
族衆差出金建祠壠左庀材鳩工師心經畫祠制
堂五楹三室両廡榮露臺神道置齋房廚庫門以
棹楔繚以周垣采桷翬飛高甍弘敞明年丙戌夏

告成而温九公即世子太學生伸以及門之雅徵寺銘予承乏茲土三年矣稔知吳氏喬宗世德甚遠也謁其祠縱觀徘徊有槩於衷而嘆曰旨哉吳氏之爲祠也禮大夫三廟士二祠即廟也大夫之制歟然萃唐宋元　明之烈大夫祖而祀之三廟也者奚後抑爲有望於後之人且禮多義起不泥古中室三龕奠高曾以下宗裕圖系自出之祖於上合祭以追遠也分祭則冬至祀始祖立春祀先祖時祭祀四代之親又不盡圖於今者東幕爲忌辰堂旹祭俎豆不假矣西幕爲享胙堂貯宗器昭

穆不紊矣廡之左存遞宗之失祀廡之右錄生養之有恩推之婢僕均得祔食聯踈逮賤一澤枯髊藏之遺意也春祀露濡秋嘗霜肅祭之日醴酸在堂膋燔在延曾孫主鬯子姓各以次祼將薦饈陳蓋環佩之声瑲如也繭栗浴蘭駿奔之容肅如也絜明粢進脩髓徂賚成畢行諴志愉猗歟皆義起之禮也尊者無失其尊則敬至親者無失其親則愛周報德報功教後世子孫以孝譜諜所載不為虛籍矣宗法其有與乎吳氏之為祠誠有旨哉邇若儀註則酌時宜而易簡可遵品数則適豐菲而

裁益不羨春秋之費毋閒給於公廩毋煩責於私家擇田十區區出租三十以一輸官以二供祀著為令甲倫所未倫是子姓之善成溫九公即溫九公之所以成敬七公之志者與開一時之通制裕百代之曠規於戲盛矣用鑱閔奚而銘曰至行維孝仁親為祠不僭不偏頽以求思中元寒食大饎純犧交神合魄陟降在茲紳垂磬折濟濟攸宜聆鑾潛通康爵奏時瞻瞻几幄蹈蹈庭墀神佑來格錫以繁祉芝蘭滿階夔龍接趾報國能忠事親能子登斯堂者推賢讓能與斯祀者就規閑禮胙歆

族食洽蒸以嘉憧憧豊碑爵同桑梓光昭遺烈深

維本始徵我銘辭血食千祀

萬曆二十一年癸巳孟秋之吉

文林郎知慶元縣事蜀人嶽川周道長撰

# 杭橋吴氏葺祠記

慶城之北奎之左豎𥜥宗祠徵予文以記予聞吴氏族自唐季都巡公禘歷董昌熾乱棄而遁之邑松源山原相屬含溪懷谷脉隆地腴迺闢土而搆劉薙而蓺植之居五世而寺丞崇煦公出焉積功累仁倒筍賑恤故生大中公𢼸秘書公𢼸寺丞公𢼸令尹公𢼸翩翩然擢巍科持衡要聲振寰海厥後習習簪組辛辛雋髦聯翼蔓延相将封内十七矣二十三世始祖庚七公遠宗燕翼擴闢基廛以仲子恤祖廬伯子分濟川歷今

九世而系絶千人胥先世遺澤所流鍾也而覷
縷報本最為喫緊故嗣孫益等捐金為倡殫謀
壁畫洎衆佐費乃命工掄材面勢劃墨始工于
癸巳二陰之丙辛告成于乙未三陽之壬午棟
甍翬飛楹堦閒列榱題嶙峋欄楯礱鵠金碧鏤
乎辟烏赬粉絢乎虬魚臺几簾櫳蔚然彪炳鸞
振幀飛鳴鳴咸響霞暎日照皚皚搖光遡崇始
祖與五服之親于享堂之中祀先世遠祖于東
西之祧列兄弟子姓于左右之祔先亡而遊者
嚴別于嬪祔之室入田而祭者獨享于閫義之

祠功德赫奕有光宗譜者同一百世不祧則幽
不費享明不越禮一時稱盛舉也余即筆而記
之
萬曆二十八年春王月上旬谷旦
少方伯閩浦徐栢譔
吳氏宗祠敘
底畬在二都松源鄉爲始祖唐文簡先生吳蕎
公遠繼世系後裔分脉嗣孫者吳珣授莆田
縣丞儀真縣丞吳文瀚桂林衛經歷吳文潤
之派子孫繁盛萬曆四十五年嗣孫文海邦

儒仲春等率衆建𥧌以祀宗祧春秋蒸嘗爲
永斯焉

## 亦政堂記

五雲旭山李鋕撰

括有十屬慶元據上游之勝而接壤於閩其地廣而腴
其俗愿而恪其族多名巨而吳為最著吳之隱君曰
道援者慷慨有大義嘗建宗祠以妥先靈廣賑恤以
周族屬置學田以重士立寺田以祝釐家政井井緣
素封不獲擴忠悃於
上乃搆堂以貽義方名曰敦忠於是仲子司馬居一贊晉
藩兩叅邊悃在在著聲已而從事嶺南戢諸夷為編
户定囂卒若束枯當事者上其事
天子方欲大用而司馬忽喟然曰先君子義方垂訓以教

忠也今雖不獲大有造於國家而戰守所及忠已酬
志已繼矣夫事君資以事父而教國是以教家故國
有政而家亦有政兵事風塵父老爲邊掛冠歸構數
椽爲効忠之後顯其額曰亦政堂蓋做君陳遺意云
是舉也上以承先訓至孝也次與叔弟諸侄日登斯
堂綢繆纜繼以聯同氣之雅至友也下榻延名碩用
課諸子學業至教也是司馬之政施於家者備而族
屬內外敦睦同心諸兄及弟友愛彌篤季弟之婦以
芳齡守殉夫之義諸子若孫以英邁蜚秋苑之声則
司馬之政施于家者深隱居教篤于家而以教忠垂

訓司馬政達于國而以亦政貽謀誠所謂家國一理父子一心者他日鳳雛繼起襲箕裘而應弓旌則司馬之政垂于後者抑且乂而彌光而隱居教忠之志益章矣奚獨嶺海之表政通人和已哉始司馬筮仕時予從都下挹其光儀繼歆歷諧任予從口碑悉其治行今歸隱予文從契友丁參軍鳳逵悉其家政因道司馬所爲亦政堂者而請予記予不記其工作之巔末亦不記其景物之鴻纖盖斷輪者所謂糟粕也惟記其所以建斯堂與用斯堂之意見司馬之忠孝世篤所由族甲一邑而有光吾括也庶得其精蘊云

慶元邑侯張大夫生祠碑記

張大夫治慶甫踰年擢守真安去慶慶人聚族而祠事之屬記於文懋以懋知大夫深也然文懋所爲大夫記也者則安能文所不爲大夫記也者又安能辭也嘗觀

國制凡郡邑叙名宦祠于學宮享先世澍澤民社者未聞有生祠之制也而生祠云者則當其去後民思其功不可緩也迺爲之專祠以祝之此他處或有而慶無是也今何以創見于大夫哉禮曰凡有功于民者則祀之志報也大夫之廉之明之惠姑不具論論其鉅

若商塩為地方害講干戈寻以當事者中其餌也大夫下車首為釐正不啻出湯火而登袵席說者謂功不在温公除青苗下諒哉邑有匠班編者誤重其六歲納班錢為子孫累大夫亟為申豁籍遂定自榷曠稅以來慶有成額愚民易罔乃徵溢數倍大夫按籍嘆曰方今榷使四出無計與民休息而可困重之乎悉為裁損足額而止當道檄下以富民充擇木户他邑為之騷動大夫獨亙命地瘠民貧且不產巨木得賴以免此皆功在苍生利及後世者謂為斯民之保障非耶若夫催里甲而損貲以充其費葦火耗而

平允以定其衡蠲贖鍰而割俸以盈其額節財用而示之儉省刑罰而示之仁絕苞苴而示之潔課耕賑貧而士子蒙其澤種種色色真若慈母之於赤子寒而絮饑而哺瘝而持痛而拊非夫文具之飾而法令之束也以故民喜其來而輒憂其去伏

闕叩閽借寇者以千百計臺司上其狀格于新例不得請亡何而真安之報至矣士民戀戀皇皇計不知所出去之日深山遐陬靡不扶老携幼遮泣卧轍下道爲之塞相率易轝以畱遺愛者不一而足境内外在在張筵驪歌三叠自僚屬以至厮輿無不流涕父老有

贈金佐道里費者大夫却不受僅爲舉一觴亦嗚咽不能勝一時光景與史冊所稱漢劉寵事越千載如出一轍吁斯已難矣且謀所祀大夫者於是鳩工餝材肖像樹碑葺墻垣飾堂宇而又爲之置祀產以垂永久凡以報德報功于無盡匪直識去思而已也嗟嗟今之銅章墨綬稱長吏于一方者豈少哉在未必晋去未必祀冀其晋者見在之民心也崇其祀者去後之民心也見在之人心易得而去後之人心難要由有去後之人心以驗當日見在之人心而知其祀之也既勤則其晋之也非強大夫操何術而得如此

之深且速哉一誠之相爲感也傳云誠能動物夫動
物莫如風而風豈待久耶尚之必偃盖言速也是可
以識大夫已他年慶之人或昔于刑罰或迫于徵求
必且奉香泣愬于大夫之庭曰吾民也安得復有如
我公也者而覆翼之而令于茲土者亦必將曰前事
之不忘後世之師也吾安得不以公之拊循者而拊
循之然則是祠也豈直歲時伏臘祀大夫哉將于是
有重望焉大夫名學書字善政正字其號也賁西平
樂人前丙任宿松寧都今補慶元云
萬曆紀元歲在乙巳季冬下澣之吉署教諭事舉人龍游

慶元縣志卷之六

葉文懋撰

國博翼雲葉公去思碑記

慶元為括蒼最僻地治三聯閩壤萬山嶷矗仙都石門而來比之小桃源焉民俗朴茂文風寥寥未振博士翼雲葉公少擢巍科累以嬰疾宦于燕臺之遊人允於兩難設齊踰制遂膺籍為廣文公為人朴素表如裏金玉君子也其課士譚文暇恤貧生勸堅裒饋脩理黌序文風浸振種種盛美已載學碑中不具具論論其留心為民者慶惟鹽害最苦和沙湧價蒸辦追徵小則傾產大則喪身民思去之如湯火然小民一簽鋪户則曰鬼符至矣勅公來

督敎事目繁劇縣常缺為地方除此害復值署官
又遇商擅到邑士民洶洶訟告免舖户商人餽數
拾金於公求為調停即署官亦為商託公公毅然
卻之曰此法然不可罷耶商肥而民瘠矣諸生欲
赴當道公曰署何益且候新令至舉之未晚也迨
張公蒞任公即率諸生備陳前張公頓足曰鹽害
一至於此乎力請于鹽臺温公得免查田往責數
年鬧塩害以甦百姓頌張公之德者稱葉公之功
不衰也公又慮良法易湮將前後文移刊布民間
隱然一功令也今陳公下車適值塩至因覽書動

僉與公商確力主前議不異張公之用心真若召杜桐承歡聲載道矣詎非公黙贊之力哉初公弗受商賄條陳其害人有以中傷惕之者公曰苟利于民吾之利害勿計也俗凡鬻産者不論年之久近輙以業重價輕為詞往往長令因而漁獵富户閭閻一空公稔知其弊陳之張公張公遇此輩悉重讁之民得安枕每歲縣命報少年子弟以充吏農動以百計悉罔顧脫去止申一二以塗民耳目甚至一歲二三舉深屬騷擾公亦陳之於張公事遂寢凡邑利病可為民造福除害者靡不達之張

陳二公雖以枝攀至於訟事囑託者公必婉詞以
拒之曰中尊之所以重我者以我言之無私也若
是取薄于上矣奚可也邑張陳二公皆正人君子
故與公意氣相孚言無不入令陳公聞公內遷適
嘆曰張君得公而名益彰懊吾相與之日淺凡可
為地方計長久也公不惜詔我公雖去而德固在
也人謂若三公者果能相與以有成也邑西北通
衢有三鉅橋勢已將圯時台使曹公至縣尉預先
架板備廣其什也公乃捐貲倡義繕治而鼎新之
民無病涉焉夫為學博者不過與學校訓諸生已

耳未有留心民瘼者亦不過諸生誦法已耳未有
慼及編民者今葉公居慶三載未嘗越俎代庖與
有司事而陰有隱德及民民咸歸心焉若公者可
謂儒師而兼父母者也邑中父老子弟不忘公之
去攀轅卧轍且欲爲公立生祠以祝之公聞此而
力止詞甚真切其不好名如此公向未有子士民
僉爲公禱果舉寧馨于此人謂陰德之報云公諱
文懋字汝功別號翼雲三衢之龍丘人也

萬曆丙午歲仲夏吉旦　邑人姚文焆頓首拜撰

慶邑侯新安靖吾汪公報德祠記

萬曆丁巳歲新安汪侯分
聖天子邑符十一月使車入慶朞年政清人和士民大悅
圖報無地迺卜址於北隅通衢建祠以尸祝之祠成
屬為記以紀侯德予沐侯恩弗克辭予謂民心亦未
易得民何德侯之深而祠之也蓋慶於越為僻壤舟
楫不通頻年呼庚癸民困征求侯則催科中有撫字
清苦冗費秋毫不染民於是德侯之仁推鞫民隱得
其情寧矜貧之弗事奇刻頭息者聽抱案吏胥惟拱
手受成至於月報罪穀等捐俸以填民於是德侯之

明且廉敬老惜才不問人僕男一無所置橐即叱咤之聲罕聞於庭民於是德侯之恕戊午夏饑距府五百餘里侯不待命專受發棠之愆倒廩以濟全活甚衆深山窮谷莫不德侯之更生慶舊額科舉數少侯至與學校勤講課督學蔡公是科遂增五名此又善教之得民也他如葺黌宫修誌書整字令賑貧生哀煢獨興夫典利除害洗滌澆偽凡此莫非侯德之遺德則民思之故建祠以祀之也侯初令泰順敦宗右雜務施實政士民德之肖像以祠丁巳入京侯調為[illegible]邑蜀胡公所嘉賞曰本官原在地方稱賢者宜優之

遂補慶侯之令茲邑一如令泰順時感人之心深入膏髓人之報之亦稱厥施故慶與泰後先一揆視彼為政澤不及民語及之輒唾之者其賢不肖為何如也嗚呼天地之大也人猶有所憾況善惡異類異日者豈無有頑民懦夫思昔鞭笞猾吏奸人思昔岸獄兇獷盜賊思昔髡黥望祠而頓把者乎此特梗化者一人之私惡也如一邑人心公好何哉豈惟一邑人心德侯而祠之一時僚與屬莫不各得其懽心且虛懷禮士語笑灑灑鄉紳莫不彈冠相慶其樂成是舉雖侯之實心實政固不係

祠之有無而人嚮往不盡者非斯祠無以報侯德也侯諱獻忠字汝誨號靖吾始祖諱大椿者宋南渡時徙羅墩遷歙西林塘之勝居焉十五世篤生封翁別號覺泉舉子五闢館延師課業俱有聲黌序侯仲子登丁酉賢書同年朱職方郎題其館曰義方書舍侯之家學信有治譜故隨在尸祝云予不敏遂記之以塞士民之請

萬曆歲在己未仲春月既望日治下晚生吴芥頓首拜撰

名宦

沈維龍

萬曆叁年任福建人四十六年士民公舉實政篤行萬石之風素守五經之鄉教士循其本組修在鉛槧之先鼇弊絕其根肯綮閒芒刄以解邑棠追大雅而作成一家言學田設而廣厲而興為多士氣苞苴盡絕歸廣而八百之之桑不增管鑰式清歷年而一路之棠愈茂既去之思循切所居之祝宜新知縣汪猷忠申詳批允卜日送入名宦崇祀

預備倉

原建於縣內巡捕衙之前萬曆八年知縣陳九功遷於縣治之東舊僉編戶殷實者為倉夫民甚苦且一歲一更遂而因循朽壞萬曆四十二年知縣郭際美請於本府知府吳呈詳按院李蓺華倉夫僉吏篤實者承管四十六年知縣汪猷忠目擊頹壞捐俸命倉吏吳仲春重新修理煥然一新一木一

庵不役諸民民甚德之

耳房庫　舊在正堂之左萬曆叁拾肆年知縣陳鍾
塌迁於後堂之東四十六年知縣汪猷
忠捐俸命庫吏吴純德重新修理頗稱
完密

新建儒學明堂

萬曆肆拾貳年知縣郭際美見本縣學黌
門傾圮明堂逼窄碑墻之外即係居房
參差殊不雅觀隨令堪輿與諸生議捐
俸貳拾兩并將不報循環自理紙贖銀
壹拾兩零又將查出生員陳宗霈新墾
田租叁百零貳把無畝陞科與民吴衍
慶等換出空基壹拾貳坐開作明堂左
右邊建坊脚二座左額儲儁右額育英
規模高廣而換然改觀通庠諸生以見
冠冕文風仰頌郭使君實政勤碑遺記
求為德之

## 射圃

萬曆伍年知縣沈維龍議建於舊學基址而議未定因舊學廢為演武場隔縣咫尺每遇操演金鼓聲振銜彈衝突風氣不利萬曆叁拾壹年知縣沈立教勘擇北門外拱瑞堂下角門嶺根有田一截前後臨溪地勢寬平隨將演武場基給帖與鄉宦姚文焬對換角門嶺根田一截改為演武場隨立射圃於其左規模周正士子習射稱便四十六年奉提學道蔡按臨頒查已經詳覆在案

## 宮

景星宮　在東隅上倉宋景定元年建後改竹麗明衍宮今廢

馬儇宮　在下管大濟萬曆三年里人吳道撥重建

北斗宮　在二都天師坳萬曆四十五年里人吳鍾捐資剏造

## 庵

道觀庵　在下管大濟源頭

## 閣

觀音閣　在東隅就日門外昔堪輿家言以大坂洋風氣亢衝入城萬曆三十七年邑人傅隆乃請吳珆之田為基業捐資建鼎鑄閣與就日門相對藉為屏護蓋有風氣振益民甚德之

## 祠

張公生祠　在石龍下大街萬曆三十二年合邑士民為仁慈父母西粵正宇張公建鄉士大夫有聯云歛犖群黎化婉昌黎驅暴鱷塩鳌積蠹仁同司馬耕青苗又聯鳌嫩萬年青簡在愛民一念赤〻懸文聯像肖慈顏模不盡腔中貴愛祠崇殷禮寄無窮身後發思文聯祠倚清流德政兩碁潭比四時臨乳